ANDY GRIFFITHS - TERRY DENTON

LA CABANE À 13 ÉTAGES

Andy Griffiths vit dans une cabane à 13 étages avec son copain Terry. Ensemble, ils créent des romans rigolos, exactement comme celui que tu as entre les mains en ce moment. Andy écrit et Terry dessine. Si tu veux en savoir plus, lis ce livre.

Terry Denton vit dans une cabane à 13 étages avec son copain Andy. Ensemble, ils créent des romans rigolos, exactement comme celui que tu as entre les mains en ce moment. Terry dessine et Andy écrit. Si tu veux en savoir plus, lis ce livre.

Ouvrage publié originellement par Pan Macmillan Australia,
sous le titre *The 13-Storey Treehouse*

18, rue Barbès, 92128 Montrouge
ISBN : 978-2-7470-9789-5
Dépôt légal : août 2018
Première édition

Loi n° 49-956 du 16 juillet 1949
sur les publications destinées à la jeunesse.

ANDY GRIFFITHS - TERRY DENTON

LA CABANE À 13 ÉTAGES

Traduit de l'anglais (Australie)
par Samir Senoussi

bayard jeunesse

CHAPITRE 1

LA CABANE À 13 ÉTAGES

Salut, moi, c'est Andy.

Et lui, c'est mon copain Terry.

On habite dans un arbre.

Enfin, quand je dis « arbre », c'est plutôt une cabane... Et quand je dis « cabane », je ne parle pas d'une vieille cabane dans les arbres, mais d'une cabane à TREIZE étages !

Ben alors, qu'est-ce que tu attends ?
Allez, monte !

terrasse panoramique
catapulte géante
fontaine de limonade
salle de jeux
sall
de
chambre d'Andy
Cuisine
salon
piscine transparente

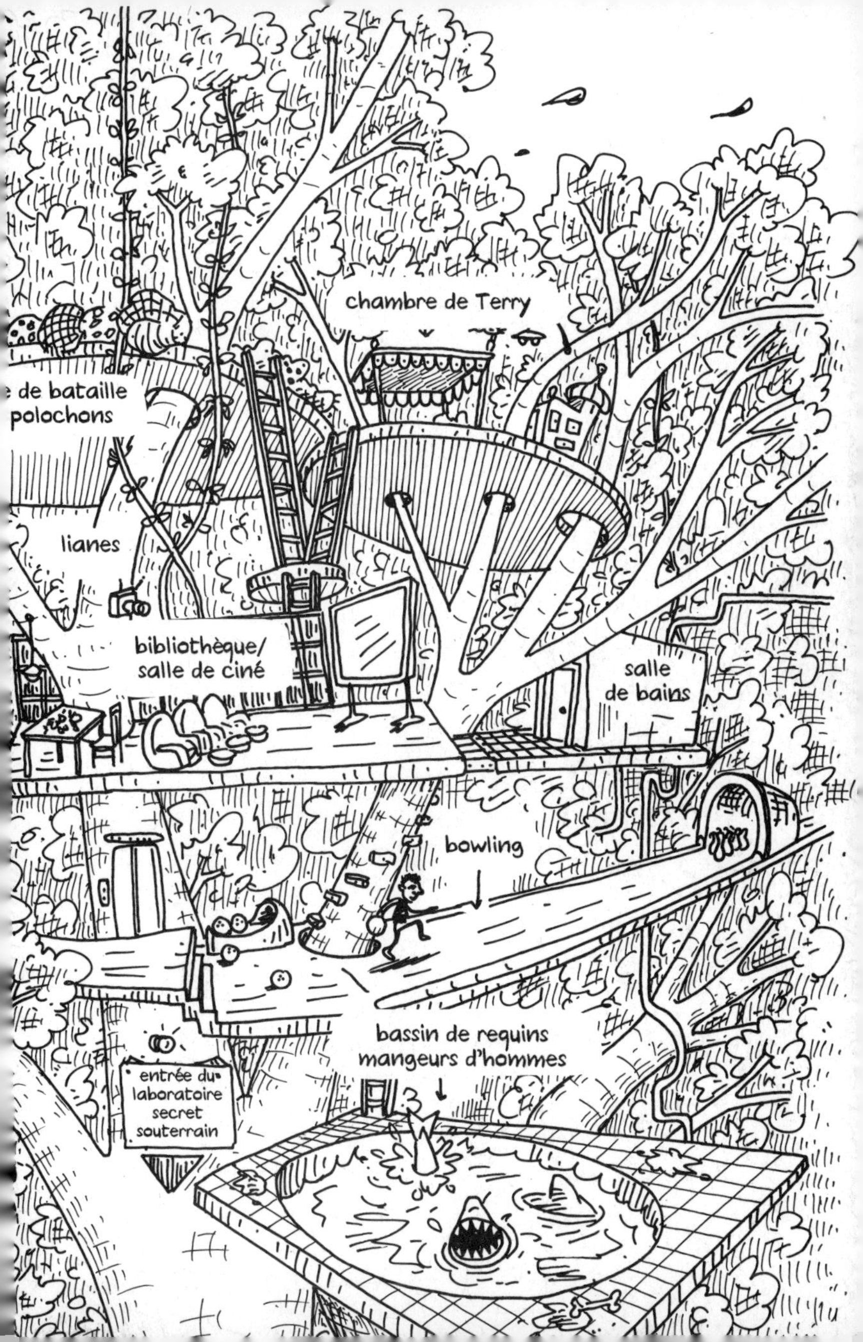
chambre de Terry
e de bataille
polochons
lianes
bibliothèque/
salle de ciné
salle
de bains
bowling
bassin de requins
mangeurs d'hommes
entrée du
laboratoire
secret
souterrain

On a un bowling,

une piscine transparente,

un bassin rempli
de requins mangeurs d'hommes,

des lianes pour se balancer,

une salle de jeux,

un laboratoire secret souterrain,

une fontaine de limonade,

un exterminateur de légumes,

et une machine à chamallows qui te suit partout et t'envoie automatiquement un chamallow dans la bouche dès que tu as un petit creux.

Cet arbre, c'est notre maison, et c'est aussi l'endroit où on fait des livres ensemble. Moi j'écris les histoires, et Terry dessine.

Et comme tu peux le voir, on fait ça depuis un petit bout de temps !

CHAPITRE 2

LE CHAT VOLANT

Comme la plupart de nos lecteurs, tu te demandes sans doute d'où viennent toutes nos idées.

Eh bien, parfois, on invente. Mais il arrive aussi qu'on s'inspire de choses qui se sont vraiment passées. Comme dans ce livre, par exemple...

Tout a commencé un matin. Je me suis réveillé, et je suis descendu prendre mon petit-déjeuner.

Terry était déjà dans la cuisine, en train de peindre un chat. Quand je dis « peindre un chat », il n'était pas en train de dessiner un chat... Il peignait un VRAI chat ! En jaune vif !

– C'est peut-être une question stupide, Terry, ai-je dit, mais pourquoi tu peins ce chat en jaune ?
– Pour le transformer en canari, a-t-il répondu.

J'ai commencé à lui expliquer qu'il ne suffisait pas de peindre un chat en jaune pour le transformer en canari, mais il a rétorqué :

– Bien sûr que si ! Regarde...

Et là, il a emmené le chat dégoulinant de peinture tout au bout de la terrasse panoramique.

– Non ! ai-je hurlé, alors que Terry tenait le chat au-dessus du vide.

Mais il l'a lâché.

Je n'aurais pas dû m'inquiéter. Le chat n'est pas tombé. Deux petites ailes ont poussé dans son dos, et il s'est mis à faire « cui-cui » en volant.

– Tu as vu ? m'a demandé Terry en se tournant vers moi d'un air triomphant. Je te l'avais dit !

LE JOUR OÙ TERRY A TRANSFORMÉ UN CHAT EN CANARI

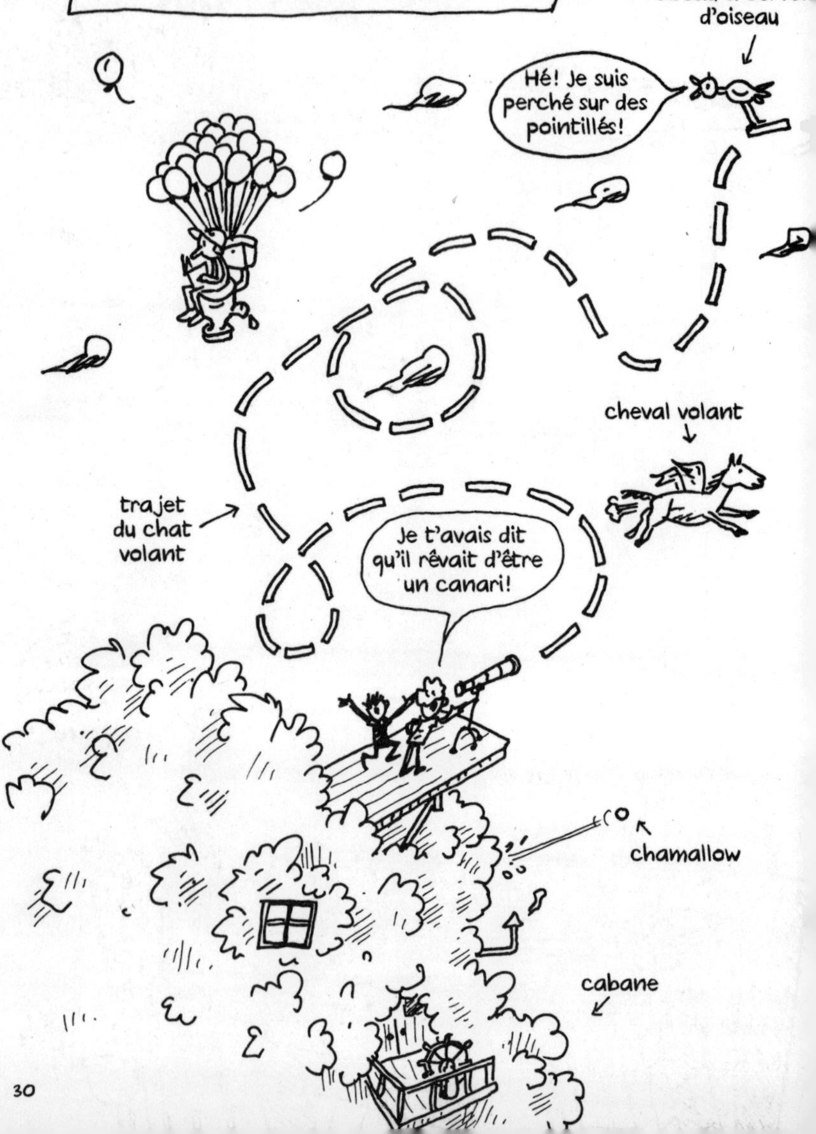

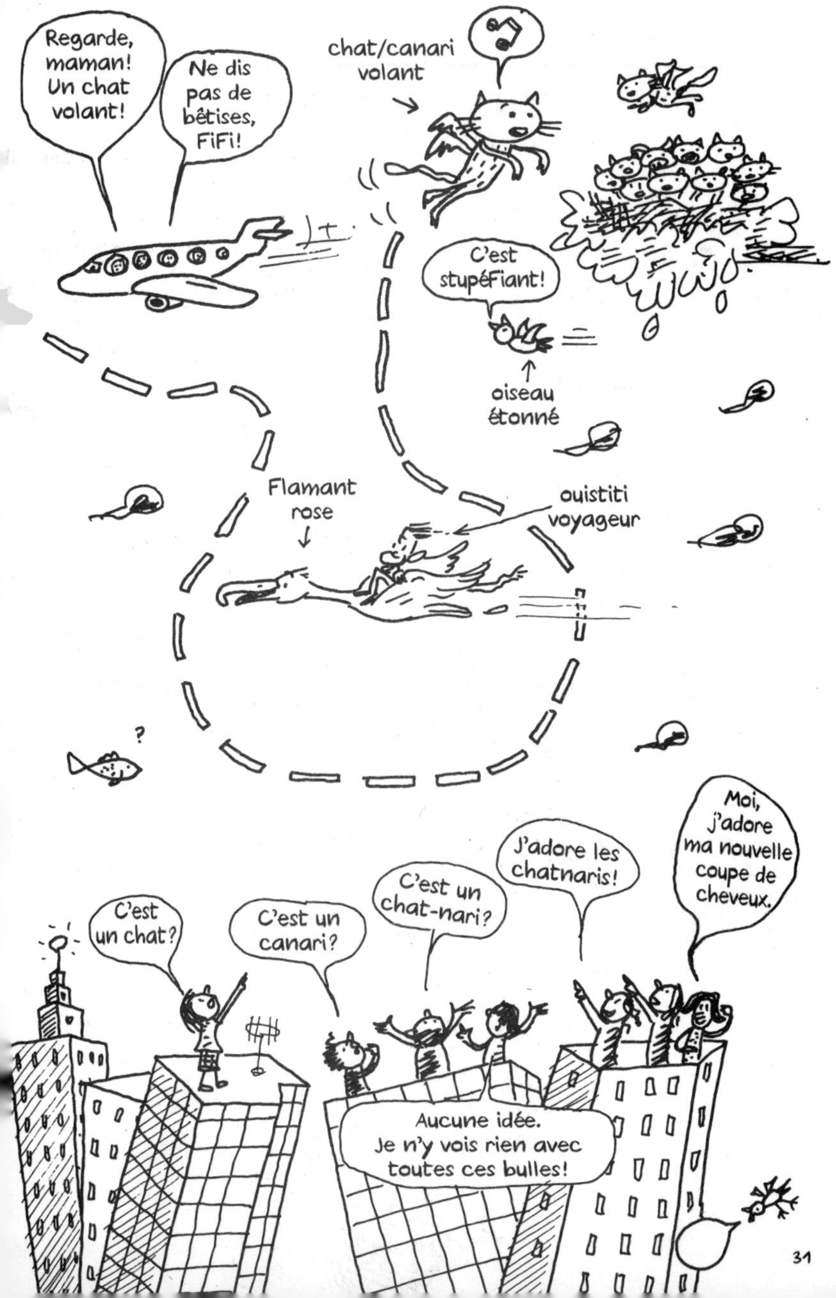
Regarde, maman! Un chat volant!
Ne dis pas de bêtises, FiFi!
chat/canari volant
C'est stupéFiant!
oiseau étonné
Flamant rose
ouistiti voyageur
?
C'est un chat?
C'est un canari?
C'est un chat-nari?
J'adore les chatnaris!
Moi, j'adore ma nouvelle coupe de cheveux.
Aucune idée. Je n'y vois rien avec toutes ces bulles!

CHAPITRE 3

OÙ EST PASSÉ LE CHAT ?

On a regardé le chat... ou plutôt le canari... je veux dire le chatnari... jusqu'à ce qu'il disparaisse au loin. C'est là qu'on a entendu la sonnette.

C'était Jill, notre voisine. Elle vit de l'autre côté de la forêt dans une maison remplie d'animaux. Elle a deux chiens, une chèvre, trois chevaux, quatre poissons rouges, une vache, six lapins, deux cochons d'Inde, un chameau, un âne et un chat.

– Oh oh, a dit Terry, elle doit sûrement chercher son chat !

– Ne me dis pas que c'est Douce que tu viens de transformer en canari ! me suis-je écrié.

– Je ne te le dis pas, alors, a marmonné Terry. Sauf que si.

Aïe aïe aïe ! Jill adore ce chat. Elle adore tous ses animaux, mais Douce encore plus.

– Oh non ! ai-je protesté. Elle va devenir dingue quand elle va découvrir ce que tu as fait !

– On ne devrait peut-être pas lui en parler.

– Bonne idée ! ai-je répondu. On n'a qu'à faire comme si on n'était pas là.

Mais même en se faisant tout petits, ce n'est pas facile de se cacher dans un arbre...

– Pas la peine de faire les morts, a lancé Jill. Je vous entends. Et en plus, je vous vois. Douce a disparu, vous ne l'auriez pas aperçue ?

– Non, ai-je aussitôt affirmé. Elle n'est pas là.

Avant de commencer à imaginer que je suis du genre à raconter des mensonges, laisse-moi souligner que, même si la première partie de ma phrase (« Non. ») était effectivement un mensonge, la seconde (« Elle n'est pas là. ») était – tu en conviendras, je pense – vraiment vraie, ce qui annule le mensonge.

– Ah..., a soupiré Jill. Bon, quoi qu'il en soit, j'ai préparé des affichettes. Je peux en coller une sur votre arbre ?

– Bien sûr, ai-je répondu, c'est le moins qu'on puisse faire (ce qui, cette fois, était 100 % vrai).

S.O.S
CHAT DISPARU !
- DOUCE -
elle ressemble à ça
jolies petites oreilles
magnifiques yeux verts
adorables moustaches
fourrure très douce
Elle aime : la pâtée pour chat
les câlins
regarder des chats à la télé
Elle n'aime pas : les chiens
l'eau
les puces
les chatières fermées
GROSSE RÉCOMPENSE !!
Contactez Jill.

Dès que Jill est partie, je me suis tourné vers Terry :

– Il faut absolument qu'on retrouve ce chat !

– Tu veux dire ce canari, m'a-t-il corrigé.

– Peu importe ! Il faut qu'on le retrouve !

Mais avant même qu'on commence à chercher, le visiophone a sonné (oui, on a un visiophone, et en 3 D !).

– Peut-être que c'est Douce, a suggéré Terry.

– Ne sois pas stupide, les chats ne savent pas téléphoner, ai-je rétorqué.

– Peut-être que si... Tu croyais aussi que les chats ne pouvaient pas voler, et tu avais tort !

CHAPITRE 4

LE GROS NEZ ROUGE

On s'est rués en haut. Un gros nez rouge remplissait l'écran du visiophone. Oh oh... C'était M. Gros Nez, notre éditeur ! Et il était fâché. Ça se voyait à son nez, encore plus gros – et plus rouge – que d'habitude.

Il a crié :

– OÙ EST MON LIVRE ?

– Quel livre ? a demandé Terry.

– Le livre qui devait être sur mon bureau vendredi dernier, comme vous me l'aviez promis il y a un an, bande de demeurés !

– Oh, a dit Terry, on est déjà vendredi dernier ?

– Vendredi dernier est passé depuis LONGTEMPS ! a hurlé M. Gros Nez. Depuis TRÈS longtemps, et le livre n'est toujours pas sur mon bureau !

La vérité, c'est que nous avions légèrement oublié ce livre. On était un peu en retard. Enfin, quand je dis un peu en retard, je veux dire très en retard. Et quand je dis TRÈS en retard, je veux dire TRÈS TRÈS en retard.

Mais bien sûr, je n'avais aucune intention d'expliquer ça à M. Gros Nez. Il était déjà très fâché. Or plus il se fâche, plus son nez grossit. Et si son nez grossissait trop, j'avais bien peur qu'il explose. Je n'avais pas du tout envie de voir ça, surtout en 3 D.

CI-DESSUS : Vision d'artiste d'une éventuelle explosion du nez de M. Gros Nez.

Alors j'ai menti :

– Pas de problème, M. Gros Nez. Tout est sous contrôle. On vous l'envoie dès que possible.

– J'espère pour vous que « dès que possible », ça veut dire avant demain 17 heures !

– Ne vous inquiétez pas, M. Gros Nez, lui ai-je promis, ce sera fait. Comptez sur nous.

– Mais..., a commencé Terry.

Alors j'ai coupé la communication pour qu'il ne mette pas M. Gros Nez encore plus en colère.

– Tu n’aurais pas dû lui promettre ça, m’a reproché Terry. J’ai beaucoup trop de trucs prévus d’ici là. Regarde ma liste de choses à faire : je suis surbooké !

Et je ne te parle même pas de ma liste de choses à ne pas faire :

Je lui ai répondu :

– Tes listes attendront. Si on ne finit pas le livre, on est bons pour retourner à la maison des singes.

– À la maison des singes ! s'est écrié Terry, terrifié. Non, pas la maison des singes ! TOUT sauf la maison des singes !

Pour ceux qui ne seraient pas au courant, la maison des singes, c'est là où Terry et moi, on travaillait avant. C'était le pire job du monde !

Déjà, le nettoyage, c'était pas génial...

Les soins des primates, encore moins...

… mais le pire, c'était quand on devait remplacer les singes pendant leur pause.

Terry était catégorique :

– Je ne retournerai JAMAIS à la maison des singes. Point final !

– Et tu n'auras pas à y retourner, si on finit notre livre à temps. Allez, au travail ! On n'a que jusqu'à demain !

CHAPITRE 5

LE CONCOURS DE DESSIN

On s'est installés à la table de la cuisine. C'est là que nous travaillons, la plupart du temps. Ou plutôt, dans le cas de l'année écoulée, c'est là que nous n'avons PAS travaillé, la plupart du temps.

Mais nous allions remédier à ce problème.

Je me suis dit que le mieux pour se lancer, c'était de ressortir quelques croquis rigolos du carton à dessins de Terry. Il suffisait de prendre les meilleurs, d'y ajouter quelques mots, et hop, on aurait notre nouveau livre ! Zéro effort et zéro souci...

Après tout, nous sommes des écrivains professionnels. D'ailleurs vous avez forcément vu notre pile de livres à la page 22...

AU CAS OÙ VOUS AURIEZ SAUTÉ LA PAGE 22, VOICI À QUOI ÇA RESSEMBLAIT.

J'ai dit :

– OK, voyons ce qu'on a.

Terry a ouvert son carton et l'a posé à plat sur la table.

– Ça, tu vas adorer, m'a-t-il assuré.

J'avais en face de moi le dessin d'un doigt.

– C'est juste le dessin d'un doigt, ai-je remarqué.

– Oui, m'a répondu Terry avec fierté, mais pas de n'importe quel doigt, de MON doigt.

– Hum… Tu as quoi d'autre ?

– J'ai un gros plan de mon doigt, a-t-il répondu. Et il est légendé !

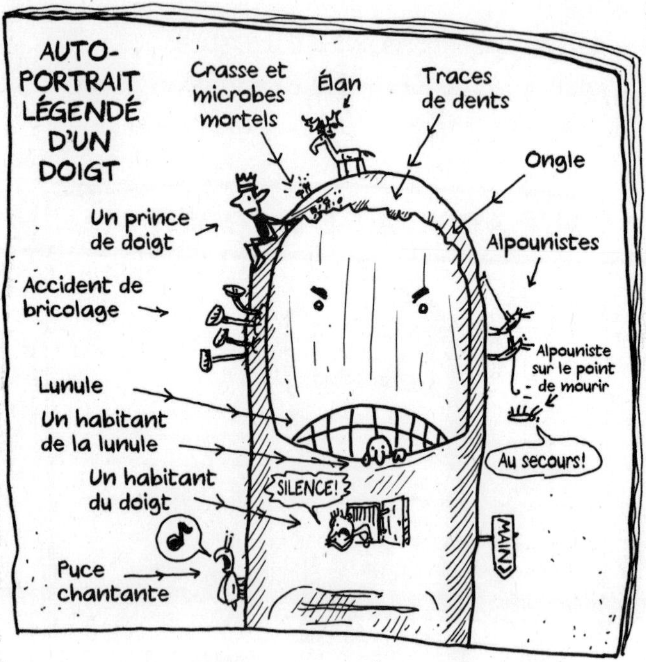

Je l'ai regardé, perplexe.

– Alors, m'a demandé Terry avec un large sourire en travers du visage, qu'est-ce que tu en penses ? Al-POU-niste, au lieu d'alpiniste, tu comprends ? Un pou...

– Oui, j'ai compris, ai-je bougonné en tournant les pages pour trouver d'autres dessins.

Mais tout ce que j'ai vu c'est ça :

et ça...

et ça...

– C'est tout ? DEUX dessins ? En un an, c'est tout ce que tu as pondu ? Deux dessins ? Franchement, Terry ! Tu crois quoi ? Que je vais faire TOUT le travail – les dessins et l'écriture ?

– Bien sûr que non, tu ne sais pas dessiner.

– Bien sûr que si ! Dessiner, c'est trop facile. Trouver les mots, ça, ça demande du talent !

– Si tu trouves que dessiner c'est facile, on n'a qu'à faire un concours, m'a proposé Terry en me tendant un crayon.

J'ai relevé le défi :

– Pas de problème !

On a d’abord dessiné un couteau.

– Ce n’est pas un couteau, m’a dit Terry. ÇA, c’est un couteau !

Ensuite, un ver de terre.

– Ce n’est pas un ver de terre, m’a dit Terry. ÇA, c’est un ver de terre !

Ensuite, une banane.

– Ce n'est pas une banane, m'a dit Terry. ÇA, c'est une banane.

J'ai rétorqué :

– Non, ça, ce n'est pas une banane... mais ÇA, si !

J'ai ramassé la banane géante que Terry avait fabriquée la veille et je lui ai foncé dessus.

– Pose la banane géante, Andy, m'a ordonné Terry en reculant.

– Je la poserai quand tu auras reconnu que je dessine mieux que toi !

– Sauf que c'est pas vrai !

– Alors, je suis au regret de t'informer que je vais devoir t'assommer au moyen de cette banane géante.

– Pas si je t'assomme en premier ! s'est exclamé Terry en m'arrachant la banane des mains, avant de me donner un grand coup sur la tête.

Et là, tout est devenu noir.

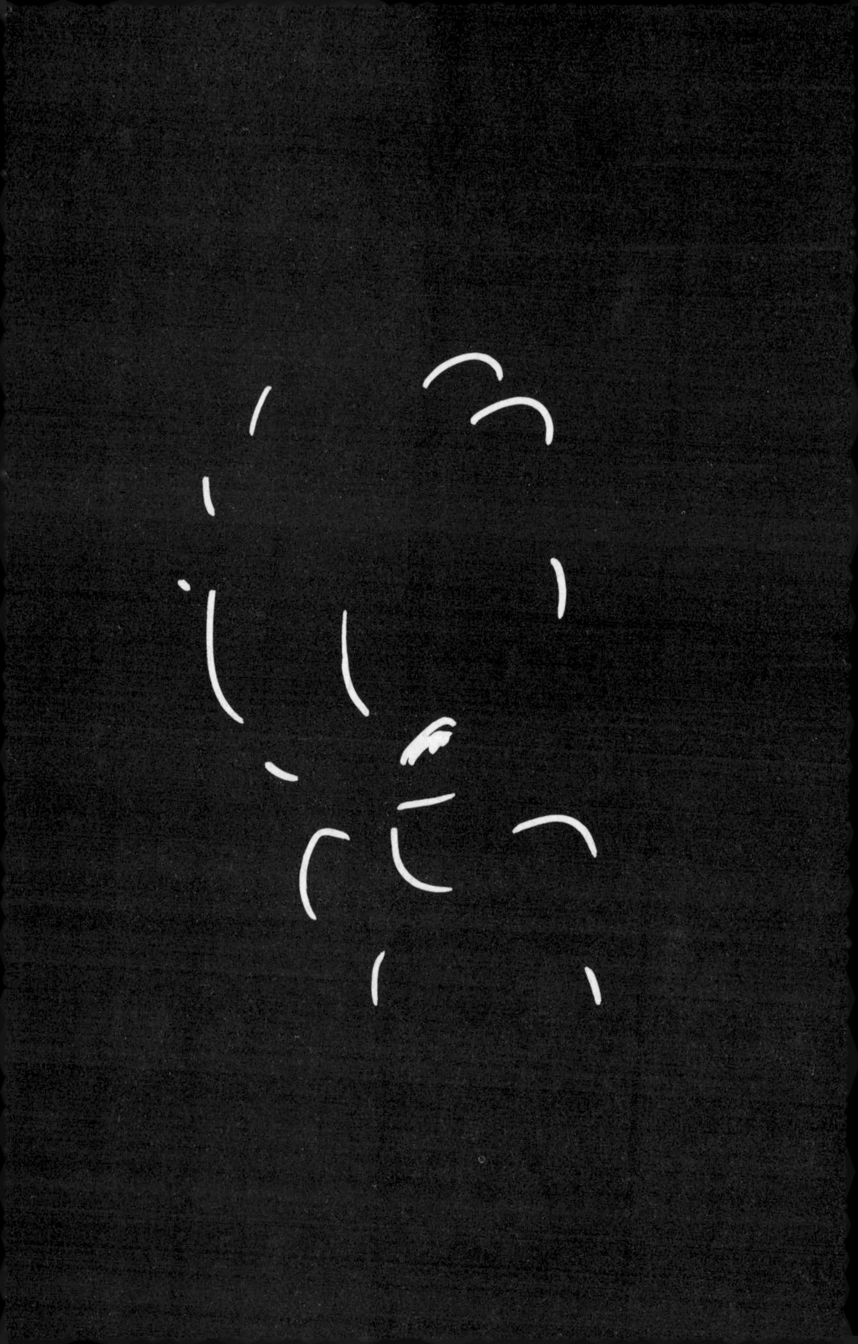

Je me souviens seulement qu'ensuite, je me suis réveillé trempé, avec Terry agenouillé devant moi, tenant un seau vide dans les mains.

– Je suis si content que tu ailles bien, m'a-t-il dit. J'ai cru que je t'avais tué !

– Moi aussi ! Quand je pense que tu m'as assommé avec une banane !

– Mais c'est toi qui as commencé !

– On ne combat pas le mal par le mal, ai-je dû lui rappeler.

– Peut-être que tu as raison... Je suis désolé ! Mais regarde le bon côté des choses : ensuite, je t'ai sauvé la vie en te jetant un seau d'eau sur la tête.

Je me suis écrié :

– Et maintenant, je suis trempé !

– Oui, mais c'est quand même mieux que d'être mort ! a rétorqué Terry.

– Ce qui est sûr, c'est que, si on continue à perdre notre temps et qu'on ne finit pas notre livre, on sera morts tous les deux dans pas longtemps.

Il m'a corrigé :

– Tu veux dire, si on ne commence pas notre livre. Et toi qu'est-ce que tu as dans ton carnet de notes ?

– En fait, j'ai un début d'histoire, lui ai-je répondu, et c'est plutôt pas mal.

– Génial, montre-moi !

J'ai attrapé mon carnet et j'ai commencé à le feuilleter.

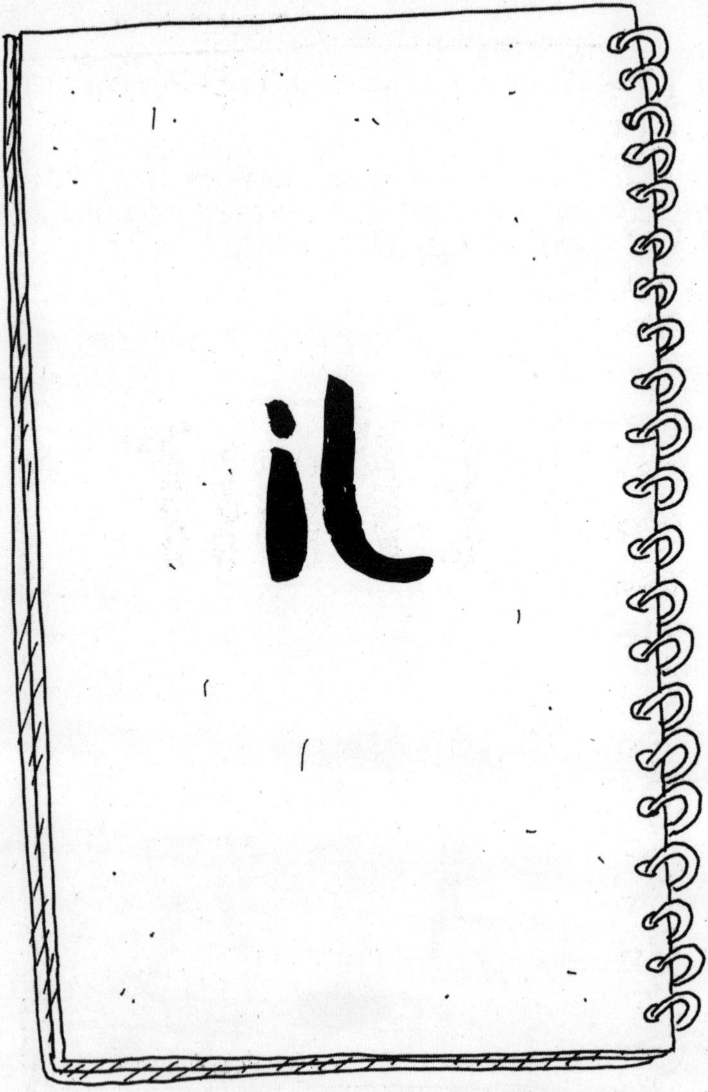
il

ÉTAIT

UNE

FOIX

– Génial comme début ! s'est exclamé Terry. Il y a de l'action ! Et ensuite ?

– Je ne sais pas trop. Je me suis arrêté là.

– C'est tout ? m'a dit Terry. Quatre mots ?

Je l'ai corrigé :

– Quatre PAGES.

– Peut-être, mais quatre mots quand même, m'a-t-il fait remarquer. Et il y a même une faute d'orthographe. Je suis à peu près sûr qu'on écrit « fois » et pas « foix ».

Je me suis énervé :

– Ouh là là, excusez-moi, M. Roald Dahl ! Si tu t'y connais si bien, pourquoi tu ne l'écris pas toi-même, cette histoire ?

– Parce que c'est l'heure de mon émission préférée !

– Et notre livre alors ?

– Tu n'as qu'à l'écrire pendant que je regarde la télé.

– Mais c'est impossible ! Impossible de me concentrer avec la télé allumée !

– Alors viens avec moi ! a dit Terry en tapotant le sac à patates sur lequel il était assis pour m'inviter à le rejoindre.

Et c'est comme ça que, au lieu de travailler sur notre livre, on a finalement perdu une demi-heure à regarder le chien le plus débile du monde dans le dessin animé le plus débile du monde.

Si tu ne me crois pas, tourne la page
et vérifie par toi-même.

CHAPITRE 6

OUAF, LE CHIEN QUI FAIT OUAF !

OUAF
OUAF
OUAF
OUAF
OUAF
OUAF
OUAF
OUAF
OUAF
OUAF
OUAF
OUAF
OUAF
OUAF
OUAF

OUAF
OUAF
OUAF
OUAF
OUAF
OUAF
OUAF
OUAF
OUAF
OUAF
OUAF
OUAF
OUAF
OUAF
OUAF

OUAF
OUAF
OUAF
OUAF
OUAF
OUAF
OUAF
OUAF
OUAF
OUAF
OUAF
OUAF
OUAF
OUAF
OUAF

CHAPITRE 7

LA MONSTRUEUSE SIRÈNE

Tu vois le genre ? Difficile de faire un dessin animé plus débile...

Une fois l'émission terminée, j'ai lancé :

– Bon, on se remet au travail.

– Mais c'est l'heure de mon deuxième dessin animé préféré : *Tsé-Tsé, la mouche tsé-tsé*, a protesté Terry.

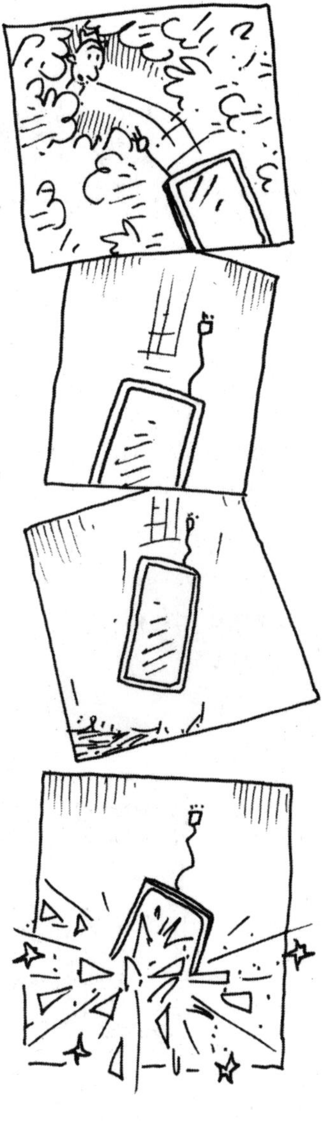

Alors j'ai attrapé la télécommande pour éteindre la télé et j'ai crié :

– Je ne crois pas, non !

– Moi, je crois que si ! a répliqué Terry, en m'arrachant la télécommande.

– Je crois que tu n'as pas bien compris, ai-je explosé.

Et j'ai soulevé la télé, avant de la jeter au pied de l'arbre. Elle s'est écrasée par terre avec un grand BOUM !

Terry a haussé les épaules en grommelant :

– Si tu le dis...

– Hé ! a crié quelqu'un. J'ai failli me la prendre sur la tête !

Oups ! Je me suis penché pour regarder. C'était Bill, le facteur.

– Désolé, Bill, me suis-je excusé, c'était un accident.

– Pas de problème, a-t-il dit en gloussant, apporter le courrier ici, c'est toujours une aventure ! Terry est là ? J'ai un colis pour lui... Livraison spéciale !

– Ouaaais ! a hurlé Terry, en fonçant vers l'échelle. Attends une seconde !

Il est remonté quelques minutes plus tard avec un paquet.

– Mes singes de mer ! s'est-il écrié en déchirant l'emballage. Ils sont enfin arrivés !

– Des singes de mer ? ai-je répété. Pour quoi faire ? On a déjà un bassin rempli de requins mangeurs d'hommes !

– Mais les singes de mer, c'est beaucoup mieux ! s'est exclamé Terry. Ça a trois yeux, ça respire par les pieds et ça construit des royaumes sous-marins. Un requin, ça n'a même pas de pieds. Bon, moi, je vais fabriquer mes singes de mer tout de suite !

– Attends une minute, ai-je protesté. On a un livre à écrire, tu te souviens ?

– Je sais, a dit Terry, et je te promets que je me mettrai au travail dès que les singes de mer auront éclos. Ils prennent vie instantanément. Tout ce que j'ai à faire, c'est verser de l'eau sur les œufs. S'il te plaît... S'il te plaît ? S'IL TE PLAÎT ?

J'ai cédé :

– D'accord... Mais vite !

– Promis ! a lancé Terry en fonçant vers l'ascenseur. Je reviens tout de suite.

J'ai attendu longtemps...

TRÈS longtemps...

TRÈS TRÈS longtemps...

mais il n'est pas revenu.

J'ai fini par le retrouver
dans le laboratoire secret souterrain.

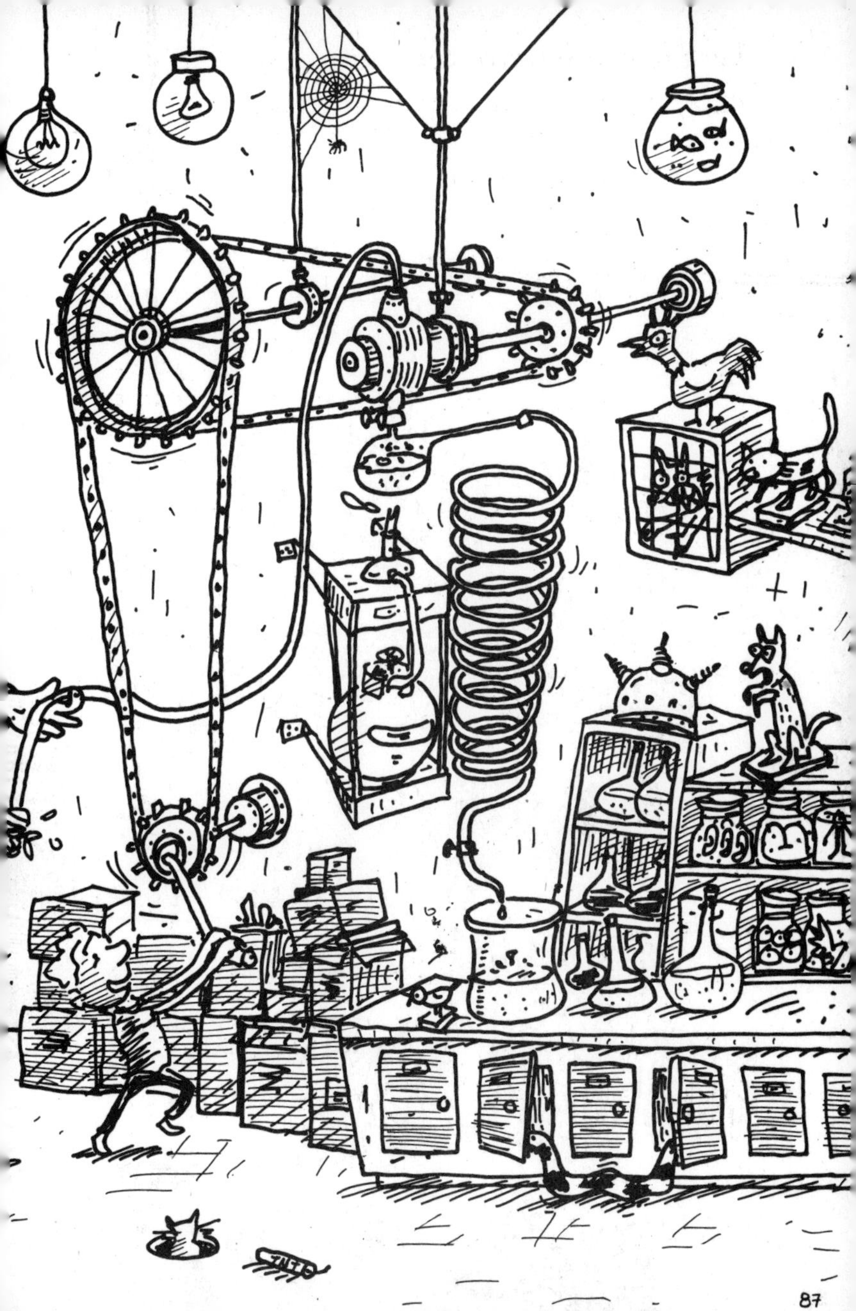
TNT

– Qu’est-ce que tu fabriques ? lui ai-je demandé. Je croyais que tu devais juste verser de l’eau sur les œufs ?

– C’est ce que je fais ! Je viens de terminer de construire l’appareil avec lequel je vais mesurer l’exacte quantité d’eau dont j’ai besoin. Si j’en mets trop, mes singes vont se noyer ; pas assez, ils vont s’asphyxier.

– Mais tu m’avais dit qu’ils allaient éclore instantanément ! ai-je rappelé.

– Et ce sera le cas, il suffit juste que je verse l’eau. Maintenant, recule...

Il a appuyé sur un bouton et l’eau a commencé à couler de la machine, péniblement...

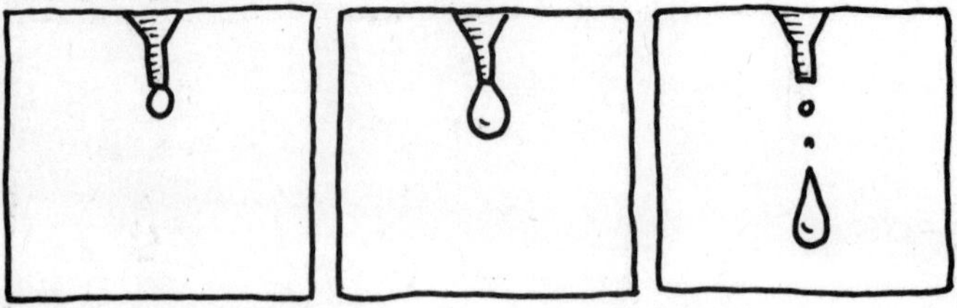

mini-goutte après mini-goutte...

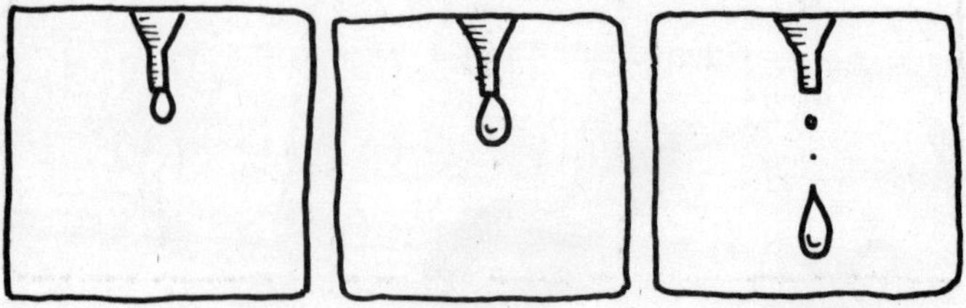

après mini-goutte de plus en plus mini !

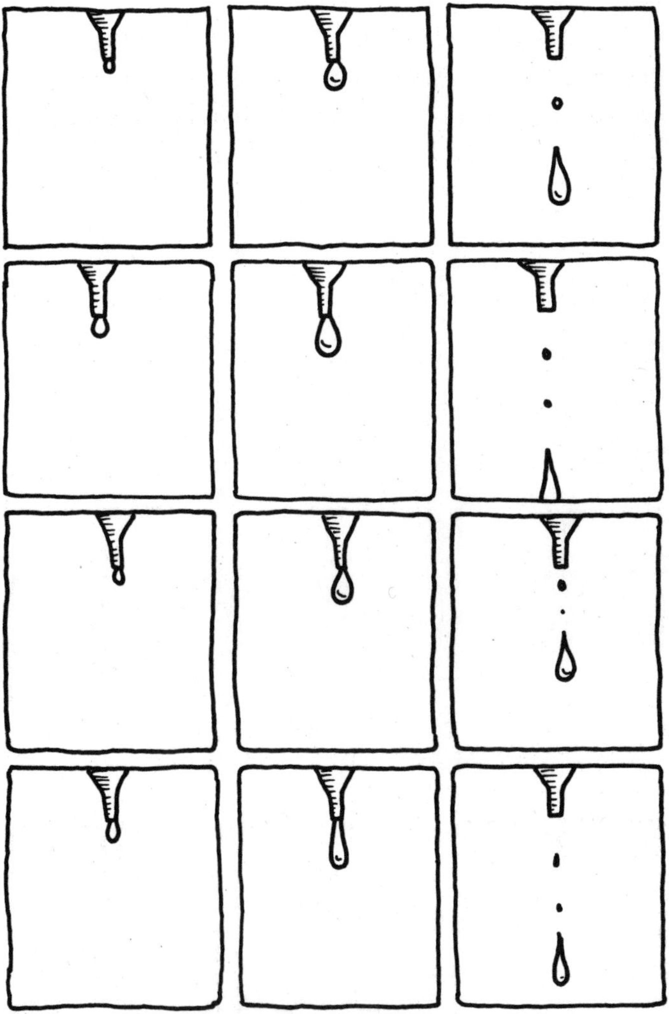

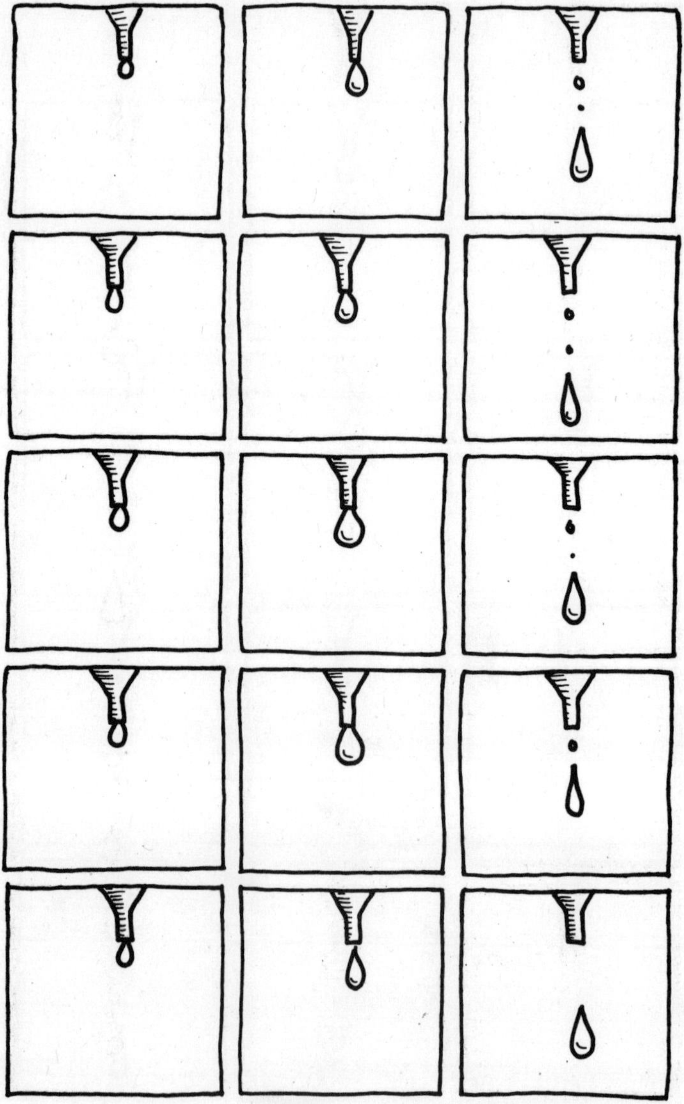

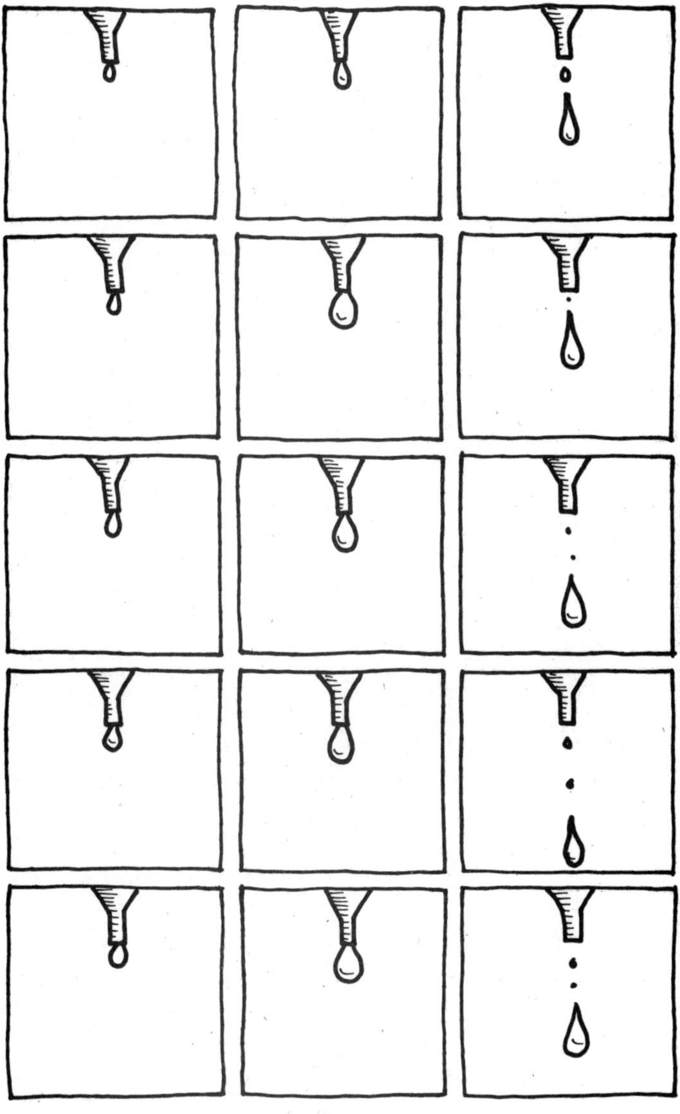

Après un millier de milliards de billions de billiards de bidons de billiards de mini-gouttes, la quantité d'eau était parfaite.

– Enfin.., ai-je soupiré. Rajoute les œufs, qu'on en finisse, et retournons travailler.

– Pas de problème, a répondu Terry, je dois juste purifier l'eau.

J'étais atterré :

– Et ça va prendre combien de temps ?

Terry a regardé le paquet :

– Vingt-quatre heures.

– Quoi ? me suis-je écrié. Toute une journée ?

– Ne sois pas stupide, Andy, s'est moqué Terry, il n'y a pas vingt-quatre heures dans une journée !

– SI ! ai-je hurlé. Et si tu crois que je vais te laisser perdre une minute de plus avec ces singes de mer débiles, c'est que ton cerveau de la taille d'un petit pois tourne au ralenti !

– Attention à ce que tu dis Andy, m'a conseillé Terry. Il y a peut-être des enfants qui nous lisent.

– Je me fiche de qui nous lit ! Mets tes œufs dans l'eau tout de suite, ou je te jure que je t'enfonce ce bocal sur la tête et qu'il n'en bougera plus jusqu'à la fin de tes jours ! Alors ?

Terry est resté songeur un moment.

SE COIFFER
Saleté de bocal
Grrr!
SE CURER LE NEZ
Vous pouvez embrasser la mariée.
Ha Ha
SE MARIER
Saleté de bocal
Vieux Terry
VIEILLIR
Très vieux Terry
Saleté de bocal
DORMIR
Vieil Andy qui pleure
Saleté de bocal
Terry
Terry mort et enterré
FIN

– Ça ne me plairait pas du tout, a-t-il fini par admettre. Bon, on oublie l'étape de la purification et on plonge les œufs dans l'eau directement.

– Ce plan me paraît parfait, ai-je dit.

Et il a plongé les œufs de singes de mer dans le bocal d'une main tremblante. Après avoir un peu mélangé, il a scruté le bocal à la lumière.

Il s'est écrié :

– J'ai réussi ! Je suis un génie ! J'ai créé la VIE !

Il avait raison.

Pas sur le fait d'être un génie, évidemment, mais il y avait effectivement une petite bande de singes de mer fraîchement éclos en train de s'agiter dans le bocal.

– Bon, c'est génial, ai-je soupiré. On peut retourner à notre livre maintenant ?

– Pas tout à fait. Il faut d'abord que je leur fasse manger une dose de flocons de croissance pour singes de mer.

J'ai grommelé :

– Et tu dois fabriquer un distributeur de doses de flocons de croissance pour singes de mer, c'est ça ?

– Pas besoin ! Ils sont livrés avec leur propre distributeur de doses de flocons de croissance pour singes de mer, m'a rassuré Terry.

Et il en a versé une cuillère dans le bocal.

Les flocons ont déclenché une véritable furie... En tout cas chez l'un des singes, qui s'est rué dessus et a tout avalé avant que les autres puissent en attraper la moindre miette.

– Quel appétit ! s'est exclamé Terry.

– Tu devrais en remettre un peu, ai-je suggéré.

Terry a de nouveau rempli la cuillère et l'a versée dans le bocal.

Et c'est le même singe affamé qui a tout ingurgité...

Et là, il a commencé à grandir.

En quelques secondes, sa taille a doublé, et encore doublé. Puis il s'est mis à nager en dévorant TOUS les autres singes de mer.

Il a grossi...

grossi...

et encore grossi.

– Il est trop gros pour le bocal, a constaté Terry.

– Va chercher un autre bocal, ai-je lancé. Le plus gros que tu trouves !

Il a filé comme une flèche et il est revenu avec le plus gros récipient de la maison.

En versant le singe de mer dans sa nouvelle maison, il a dit :

– Ça devrait suffire.

Mais le singe de mer a continué de grandir. Il est vite devenu trop gros, alors on l'a versé dans un seau. Mais le seau ne lui a rapidement plus suffi.

– C'est peine perdue, a soupiré Terry, il nous faut quelque chose de vraiment plus gros.

– Pourquoi pas la baignoire ?

– Je ne savais pas qu'on en avait une ! s'est étonné Terry.

– Oui, ai-je répondu, j'avais prévu de t'en parler. Elle se trouve dans la salle de bains.

– Je ne savais pas non plus qu'on avait une salle de bains !

– Prends le seau et suis-moi, lui ai-je dit.

DANGER

– Il est bizarre ce singe de mer ! ai-je remarqué après l'avoir transvasé dans la baignoire.

C'est là que le singe de mer a dit :

– C'est parce que je ne suis pas un singe de mer. Je suis une sirène !

– Une sirène ? a commencé à pleurnicher Terry. Mais c'est pour les FILLES ! Moi, j'avais commandé des singes de mer !

– Ce n'est pas ma faute, s'est excusée la sirène, les œufs ont dû se mélanger à l'usine. Je m'appelle Sirenia, et vous ?

– Terry, a répondu Terry.

– C'est joli pour un triton, a remarqué Sirenia.

Terry l'a corrigée :

– Je ne suis pas un triton.

– Ah ? je croyais..., a dit Sirenia en le dévisageant. Beau comme tu es…

Terry s'est mis à rougir et à glousser.

Je me suis présenté à mon tour :

– Salut, moi, c'est Andy.

– Mmmm, a marmonné Sirenia sans m'adresser le moindre regard.

– Moi aussi, j'habite ici, ai-je insisté.

– Mmmm, a-t-elle de nouveau grommelé. Si tu allais faire un petit tour, Sandy ? Terry et moi aimerions être seuls.

– C'est vrai, a confirmé Terry d'un air rêveur.

– Mais, et notre livre ? ai-je demandé. Quand est-ce qu'on va s'y mettre ?

C'était inutile.

Ils ne m'écoutaient pas. Ils ne se quittaient plus des yeux. C'était un peu gênant, d'ailleurs.

Je suis sorti de la salle de bains et j'ai fermé la porte. Le seul problème, c'est que j'entendais quand même ce qu'ils disaient.

– Tu es si mignon, susurrait Sirenia, j'aimerais tellement rester ici avec toi !

– Alors, reste..., a bredouillé Terry.

– Hélas, je ne peux pas passer ma vie dans une baignoire.

Terry a eu une idée :

– On a une piscine ! Et elle est transparente ! Tu pourrais t'y installer !

– Je dois vivre dans la mer, lui a répondu Sirenia. C'est ma maison.

– Oh, a soupiré Terry, tristement.

– Je sais ! s'est exclamée Sirenia. Et si, toi, tu venais habiter chez moi ? On pourrait vivre dans mon château de sable sous-marin à 13 étages !

– Ce serait génial, a répondu Terry, mais je ne suis pas un triton – je ne peux pas respirer sous l'eau.

Sirenia a réfléchi :

– Il y a une solution : quand une sirène épouse un humain, l'humain se transforme en triton. Et pour t'épouser, il suffit que je t'embrasse.

J'aurais dû me ruer dans la pièce et arrêter cette folie, mais je ne voulais pas qu'ils sachent que je les espionnais. Et de toute façon, c'était trop tard. J'ai frémi en entendant le son inimitable d'un baiser entre une sirène et un humain.

– Oh chéri, a minaudé Sirenia, je suis siiii heureuse ! Partons tout de suite !

– D'accord, a répondu Terry, laisse-moi juste dire au revoir à Andy.

– Bon, mais dépêche-toi..., a-t-elle soupiré avec impatience. Je ne sais pas combien de temps je vais tenir dans cette baignoire.

Je me suis vite caché quand Terry est sorti de la salle de bains.

Il a descendu l'échelle et s'est mis à me chercher.

Il m'a appelé :

– Andy ! Il faut que je te parle !

Je m'apprêtais à descendre le rejoindre quand j'ai entendu un étrange gargouillement dans la salle de bains. Comme si Sirenia était en train de s'étrangler...

Et même si je ne l'appréciais pas spécialement, je me suis dit qu'il fallait que j'aille vérifier si elle allait bien. En entrant, j'ai aperçu son reflet dans le miroir. Et ce que j'ai vu n'était pas normal. Pas normal DU TOUT, même. DU TOUT, DU TOUT !

Sirenia n'était plus Sirenia.

C'était un MONSTRE MARIN !

Comment je pouvais être sûr que c'était un monstre marin ?

Eh bien, il y avait cette peau visqueuse de monstre marin...

ces tentacules visqueux de monstre marin...

et cette puanteur visqueuse de monstre marin.

Mais surtout, Sirenia se regardait dans le miroir en disant :

– Miroir, miroir, dis-moi qui est le plus fourbe des monstres marins ?

Je crois que c'est là que j'ai compris...

Vous voyez, le genre de truc si horrible que vous n'arrivez pas à détourner les yeux ? Eh bien, cette scène était tellement horrible que je l'ai même filmée !

Miroir de la salle de bains, dis-moi qui est le plus fourbe des monstres marins?
Cet humain ne se doute de rien, il n'est vraiment pas très malin!
Il s'imagine qu'il va vivre heureux, dans un palais de sable sous les flots bleus.
Et bien sûr il ne s'imagine pas, qu'il va finir dans mon estomac!

Je vais l'attirer dans mon royaume sous-marin, et faire de son corps un festin.
Oh, quel plaisir je prendrai à le dévorer, en commençant par les doigts de pieds!
Je mangerai son nez, ses oreilles et ses yeux, sans même en laisser un cheveu.
J'écrabouillerai son minuscule cerveau, et ferai de la farine de ses os!

Et en prononçant ces mots, le monstre marin, redevenu Sirenia, a replongé dans la baignoire.

Quant à moi, j'ai arrêté de filmer, et j'ai foncé chercher Terry.

Il était dans la cuisine.

La machine à chamallows propulsait des chamallows à un rythme infernal. Terry les engloutissait aussitôt arrivés dans sa bouche.

– Tu ne devineras jamais ! s'est-il exclamé la bouche pleine.

– Je crois que si, ai-je répondu, Sirenia et toi, vous allez vous marier et vous installer dans un château de sable sous-marin à 13 étages ?

Terry n'en revenait pas :

– Comment tu le sais ?

– J'ai tout entendu, lui ai-je avoué. Mais j'ai aussi entendu autre chose... Figure-toi que Sirenia n'est pas du tout une sirène... C'est un monstre marin !

– Tu mens ! s'est écrié Terry. Tu es jaloux !

– Non, pas du tout. Regarde !

J'ai appuyé sur le bouton Lecture de ma caméra et je la lui ai tendue.

– Beurk ! s'est lamenté Terry. Qu'est-ce que je vais faire ?

– Pour commencer, lui ai-je conseillé, tu devrais rompre avec elle. Et le plus tôt sera le mieux.

– Tu as raison. Mais si elle essaie de me manger ?

– Du calme. Pour le moment, comporte-toi normalement. Elle ne sait pas que toi tu sais qu'elle est un monstre marin...

– Oh que si ! a ricané dans un gargouillis hideux une voix derrière nous.

En nous retournant, nous avons vu Sirenia ramper dans notre direction à travers la cuisine.

– Va-t'en ! a hurlé Terry, en essayant de se cacher derrière moi.

– Mais nous sommes mariés, mon amour ! a-t-elle susurré en tendant son horrible visage vers lui.

Il l'a suppliée, paniqué :

– Ne m'embrasse pas !

– Rassure-toi, je ne vais pas t'embrasser, a-t-elle ricané, je vais te MANGER ! Toi, et ton petit copain qui écoute aux portes !

J'ai essayé de me justifier :

– Mais ce n'est pas ma faute si j'ai tout entendu ! Vous pourriez vous contenter de nous donner un avertissement ? Ou une petite amende ?

– C'est vrai, je pourrais... Sauf que je suis beaucoup trop affamée ! Être enfermé dans un paquet de singes de mer pendant si longtemps, ça vous donne un appétit d'ogre !!!

On a reculé, reculé... jusqu'à se retrouver coincés contre la porte de l'ascenseur. Alors que j'essayais désespérément de débusquer à tâtons le bouton, le monstre se rapprochait !

Je l'ai enfin trouvé ! Les portes se sont ouvertes, on est tombés à la renverse dans l'ascenseur, et il s'est refermé au nez et à la barbe du monstre rugissant.

– Ouf ! a soupiré Terry. Je suis content que ce soit fini !

– Tu rigoles ? me suis-je exclamé, alors qu'on descendait vers le laboratoire. C'était seulement le premier round !

– Qu'est-ce qu'on fait maintenant, alors ?

– Eh bien – c'est peut-être une question idiote, mais tu sais si l'agrandisseur de bananes marche à l'envers ?

– Comme réducteur de bananes, tu veux dire ? Bien sûr. Il suffit d'inverser la polarité. Mais en quoi des bananes vont nous aider à combattre un monstre marin ?

– Des bananes ne nous serviraient à rien, ai-je expliqué alors que les portes de l'ascenseur s'ouvraient sur notre labo. Et on ne va pas combattre un monstre marin. On va le rapetisser ! Mais il faut faire vite. Ta femme sera là d'une seconde à l'autre.

– Ne m'en parle pas ! a gémi Terry en courant vers l'agrandisseur.

J'ai entendu l'ascenseur remonter jusqu'au rez-de-chaussée. C'était forcément Sirenia qui l'avait appelé. Elle arrivait !

– Réducteur de monstre marin, paré ! m'a annoncé Terry.

– Juste à temps !

Je me suis approché de l'ascenseur autant que ma peur me le permettait. Quand les portes se sont ouvertes, Sirenia a jailli à l'intérieur de la pièce.

– Ah vous voilà ! a-t-elle gargouillé. Vous croyiez vraiment pouvoir m'échapper ! Pitoyables humains...

Je lui ai répondu :

– Et toi tu n'es rien qu'un singe de mer obèse !

J'ai reculé en espérant qu'énervée par cette insulte, elle me suivrait jusqu'au réducteur.

– Je ne suis PAS un singe de mer ! a-t-elle hurlé, en rampant à ma poursuite. Je suis un monstre marin ! Et c'est TOI que je vais manger en premier !

– Oh que non ! ai-je rétorqué.

– Oh que si ! a-t-elle assuré en effleurant mon nez du bout d'un de ses visqueux tentacules noirs.

– Oh que non, et non ! ai-je crié, en lui échappant d'un bond. Maintenant, Terry !

C'est là qu'il a déclenché le réducteur et lui a balancé un rayon.

Sirenia a commencé à rétrécir sous nos yeux en hurlant de rage.

Elle criait :

– Je rapetisse !

Et elle devenait de plus en plus riquiqui.

Elle était désormais aussi petite et inoffensive qu'un bonbon. Elle était là, sur le plancher, en train de s'époumoner de sa toute petite voix haut perchée.

– C'était le pire de tous les monstres marins, a dit Terry. J'ai bien envie de la renvoyer au fabricant.

– On va la renvoyer, mais pas au fabricant. On va la remettre à l'eau, dans son milieu naturel. D'ailleurs, je vais le faire tout de suite. À moins que tu préfères t'en occuper ?

– Non, je ne crois pas en être capable.

– Très bien, ai-je soupiré.

Je l'ai ramassée avec une pince à épiler, je l'ai jetée dans les toilettes et j'ai tiré la chasse. Deux fois. Histoire de ne prendre aucun risque.

Quand je suis ressorti des toilettes, j'ai vu Terry essuyer une larme.

Je lui ai posé une main sur l'épaule et j'ai dit :

– Je peux à peine imaginer à quel point tu dois être triste, mais essaie de voir le bon côté des choses.

– Quel bon côté ?

– On va pouvoir se remettre à notre livre !

CHAPITRE 8

LA BULLE GÉANTE

On a repris l'ascenseur jusqu'au salon et on s'est assis autour de la table.

– Bon, on en était où ? ai-je dit. Ah oui, c'est vrai !... « Il était une fois. » Alors, maintenant... Il était une fois un... un...un... Tu peux m'aider, Terry ! Il était une fois un... quoi ?

– Un rien, a soupiré Terry. Je m'en fiche. Je suis incapable de travailler. Je suis trop triste. Je sais que Sirenia était un monstre marin, mais je l'aimais vraiment bien en sirène.

– Qu'est-ce que tu dirais d'un chamallow ? lui ai-je proposé. Ça te ferait du bien, non ? Je vais appeler la machine à chamallows.

– Non, a répondu Terry, les chamallows, j'en ai assez.

Alors j'ai ajouté :

–Tu as besoin de changement. Du pop-corn, peut-être ?

Terry a haussé les épaules.

– Et si on enlevait le couvercle de la machine pour voir ce qui se passe ? ai-je suggéré.

– OK, a soufflé Terry.

J'ai versé un sac entier dans la machine à pop-corn, et je l'ai allumée.

On a attendu...

... attendu...

... et encore attendu.

Et au moment où on se disait que ça ne viendrait jamais...

On a couru partout la bouche ouverte pour en gober le plus possible jusqu'à ce qu'on ait le ventre qui explose.

– C'était une idée géniale, Andy ! m'a félicité Terry. Mais maintenant, je meurs de soif !

– On va boire un peu de limonade, alors, ai-je répondu. Je vais mettre la fontaine en marche.

Je vous ai déjà dit qu'on avait une fontaine de limonade ? Eh bien, oui, on en a une. C'est comme une fontaine normale, mais avec de la limonade à la place de l'eau. Et à tous les parfums possibles et imaginables : fraise, orange, citron, coca ou tutti frutti.

On est restés assis longtemps dans la fontaine. Et quand je dis « longtemps », ça veut dire beaucoup plus longtemps qu'on aurait dû.

– Oups, désolé ! s'est excusé Terry en mettant la main devant la bouche.

Mais, avant de pouvoir lui répondre, j'ai roté encore plus fort !

– Non, c'est moi qui suis désolé, ai-je dit.

Terry a roté une fois de plus ; et plus fort cette fois.

– Eh bien, tu as vraiment l'air d'aller mieux ! lui ai-je fait remarquer.

– Beaucoup mieux. Il me faudrait juste un chewing-gum !

Il est sorti de la fontaine de limonade, et s'est dirigé vers le distributeur de chewing-gums. Il a déroulé un long bandeau, qu'il a fourré tout entier dans sa bouche !

– Mmm, c'est bon, a-t-il marmonné en mâchant. Hé, j'ai une super idée, Andy – regarde !

Alors Terry a mâché et roté...

roté et mâché...

fait des bulles et roté...

roté et fait des bulles...

Jusqu'à ce qu'il fasse la plus grosse bulle que j'aie jamais vue. Si grosse qu'elle le cachait complètement.

– Ça suffit ! j'ai dit. Elle est trop grosse !

Mais il ne m'entendait plus. Pourquoi ? Parce que Terry était entré dans sa bulle ! Il était à l'intérieur de sa bulle de chewing-gum pleine de BURP !

– Hé, c'est trop marrant ! s'est écrié Terry alors qu'il flottait dans sa bulle.

– Attention...

– Qu'est-ce que tu veux qu'il m'arrive ? a-t-il demandé.

Et il s'est mis à monter de plus en plus haut.

Il a hurlé :

– Au secours !

Alors qu'il s'envolait de plus en plus loin de la cabane, je lui ai crié :

– Ne t'inquiète pas ! Je vais te sauver !

J'ai foncé à toutes jambes vers la liane la plus proche, j'ai pris mon élan pour me balancer aussi loin que possible et attraper la bulle.

C'était un bon saut... Mais pas assez bon. Ma main s'est refermée sur le vide, et Terry a continué à s'envoler toujours plus haut dans le ciel.

Il n'y avait plus qu'une chose à faire. J'ai attrapé mes clubs de golf et j'ai couru jusqu'à la terrasse panoramique. C'était le moment idéal pour travailler mon swing... et faire éclater la bulle de Terry par la même occasion.

J'ai donné tout ce que j'avais, mais je n'ai pas eu de chance au premier coup...

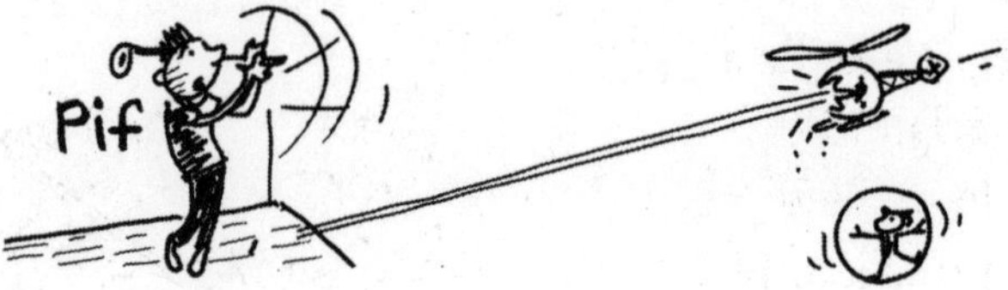

... ni au deuxième...

.... ni au troisième.

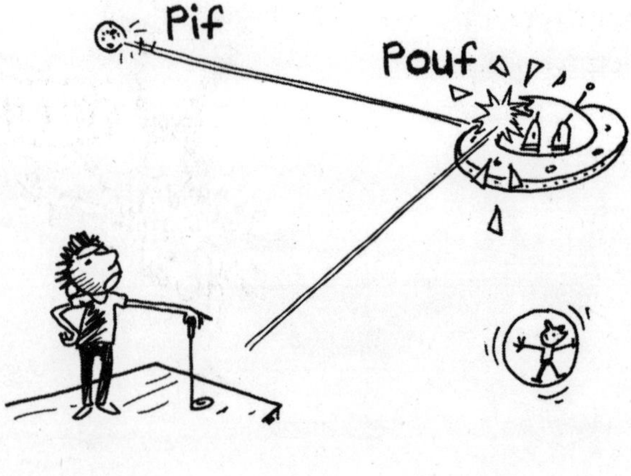

Au quatrième, en revanche, j'ai mis en plein dans le mille !

La bulle a éclaté. Pour le meilleur et pour le pire…

Le meilleur parce que Terry était enfin libre ; le pire parce que du coup, il a chuté vers le sol sans le moindre parachute, ni même un bon casque anti-choc.

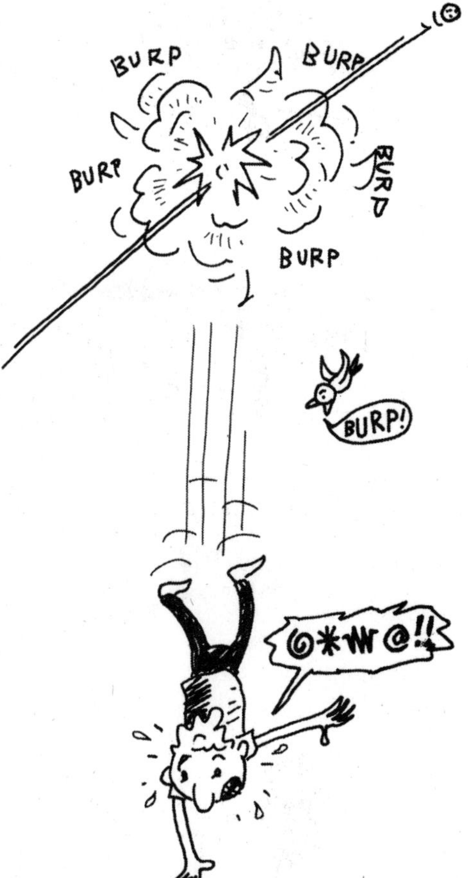

Heureusement, la machine à chamallows a su quoi faire. Elle a commencé à envoyer des chamallows à une vitesse supersonique, et en deux temps trois mouvements, un oreiller géant de chamallows s'est formé sur le sol,
juste en dessous
de Terry.

Terry a atterri pile dessus et a rebondi plusieurs fois avant de s'immobiliser. Ça avait l'air plutôt drôle... enfin... TRÈS drôle, en fait!

J'ai aidé Terry à sortir des chamallows en l'époussetant un peu.

Il m'a dit avec un grand sourire :

– Je n'ai jamais fait un truc aussi génial de ma vie ! Tu devrais essayer !

– J'aimerais bien , mais on a un livre à écrire, tu te souviens ?

– Ah oui, a-t-il confirmé, j'avais oublié.

On a repris l'ascenseur jusqu'au salon. Cette fois, c'était bon ! Plus de distractions, plus d'excuses. Plus de chats volants, ni d'attaque de bananes géantes, de chien qui aboie, de fausse sirène, de monstre marin diabolique, de pop-corn pétard, de fontaine de limonade, de bulles de chewing-gum pleines de BURP, de trampoline de chamallows...

On allait écrire ce livre !

On s’est assis autour de la table.

– On en était où ? ai-je demandé.

– À « Il était une foix » » a répondu Terry.

– Très drôle. Bon, laisse-moi réfléchir. Il était une fois un... Un quoi ?

– Un doigt ! s’est exclamé Terry.

– Un doigt ?

– Oui ! a continué Terry. Pourquoi on ne mélangerait pas TON début avec MON dessin ? Un truc du genre : « Il était une fois... un doigt. Mais pas n’importe quel doigt – un Superdoigt ! Comme ça... »

– C’est n’importe quoi ! ai-je dit.

– Ah..., a soupiré Terry, déçu.

– Tellement n’importe quoi que ça pourrait bien marcher !

– Alors qu’est-ce qu’on attend ? s’est écrié Terry, rayonnant. Allons-y !

Et on s’y est mis.

J’écrivais.

Terry dessinait.

Et le résultat était plutôt pas mal, comme tu peux le voir...

CHAPITRE 9

Il
était
une
fois
un
DOIGT.

Mais pas n'importe quel doigt... Un
SUPERDOIGT!
MON NOM EST SUPERDOIGT, JE RÈGLE LES PROBLÈMES EN UN TOUR DE DOIGT.
C'est qui, dans le ciel?
Un doigt mal élevé?
Un pouce?
Non, c'est SUPERDOIGT!

SUPERDOIGT SECOURAIT LES DÉSESPÉRÉS...
Je n'arriverai jamais à faire ce paquet... Si seulement j'avais un doigt en plus!
BESOIN D'UN PEU DE DOIGTÉ?
Merci, Superdoigt!

SUPERDOIGT SECOURAIT LES ÉGARÉS...
On ne retrouvera jamais notre chemin... ON EST TROP PERDUS!
LA SORTIE, C'EST PAR LÀ.
Merci d'avoir pointé la bonne direction du doigt, Superdoigt.

SUPERDOIGT SECOURAIT MÊME CEUX QUI AVAIENT LE NEZ BOUCHÉ.
Si seulement mon doigt était plus long, j'arriverais à retirer cette crotte de nez qui m'empêche de respirer.
Miam!
PAS DE PANIQUE, JE VAIS FAIRE ÇA... LES DOIGTS DANS LE NEZ!
Merci Superdoigt.

TOUT LE MONDE AIMAIT SUPERDOIGT!
OSCARS DES SUPERHÉROS
DepressMan
Petitdoigt, fidèle acolyte de Superdoigt
On t'aime, Superdoigt!
Toi aussi, Petitdoigt!

UN JOUR, ALORS QUE SUPERDOIGT PATROUILLAIT À L'AFFÛT DE PROBLÈMES NÉCESSITANT TOUT SON DOIGTÉ, IL TOMBA SUR UN CONCERT DE ROCK EN PLEIN AIR.
ILS JOUENT FORT, JE FERAIS MIEUX DE DESCENDRE VOIR SI PERSONNE N'A BESOIN DE SE BOUCHER LES OREILLES.

EN S'APPROCHANT, SUPERDOIGT S'APERÇUT QUE SUR SCÈNE SE TROUVAIT SON GUITARISTE PRÉFÉRÉ : JIMI HANDRIX.
GÉNIAL ! J'ADORE JIMI HANDRIX ! IL A LES MEILLEURS DOIGTS DU MONDE !

SUPERDOIGT COMPRIT ALORS QUE JIMI ÉTAIT EN DIFFICULTÉ. IL S'ÉTAIT LANCÉ DANS UN SOLO TELLEMENT DÉLICAT QU'IL N'AVAIT PAS ASSEZ DE DOIGTS POUR LE JOUER !
Si seulement j'avais un doigt en plus, je ferais de ce solo un chef-d'œuvre.

ÇA, C'EST UNE MISSION POUR
SUPERDOIGT !
S

ALORS SUPERDOIGT VOLA JUSQU'À LA SCÈNE ET SE JETA ONGLE EN TÊTE SUR LE MANCHE DE LA GUITARE DE JIMI.

LA FOULE ÉTAIT EN DÉLIRE!
BRAVO SUPERDOIGT!
BRAVO JIMI!

SUPERDOIGT ET JIMI CONTINUÈRENT à JOUER TARD DANS LA SOIRÉE, ET TOUT LE MONDE DANS LA FOULE ÉTAIT D'ACCORD POUR DIRE QUE C'ÉTAIT LE MEILLEUR CONCERT DE L'HISTOIRE DE L'UNIVERS.
Tu assures, Superdoigt !

Le fidèle acolyte de Superdoigt, Petitdoigt, au tambourin
Toi aussi, Jimi!
Et toi aussi, Petitdoigt!

CHAPITRE 10

LA CABANE DES SINGES

– Alors, qu'est-ce que tu en penses ? ai-je demandé à Terry.

– Génial ! m'a-t-il répondu. C'est la meilleure histoire qu'on ait écrite depuis des années !

Je lui ai rappelé que c'était la SEULE histoire qu'on avait écrite depuis des années, et j'ai ajouté :

– Allez, on écrit la suivante.

Mais alors qu'on allait s'y mettre, la sonnette de la porte d'entrée a retenti.

C'était Bill, le facteur :

– Salut Terry, nouveau colis pour toi.

– Super ! Ça doit être mes singes de mer de rechange !

– De rechange ? ai-je répété.

– Oui, a confirmé Terry, j'ai téléphoné à la société qui les fabrique pour raconter ce qui s'était passé. Ils m'ont dit qu'ils étaient désolés et qu'ils me renvoyaient des œufs.

– Qu'ils étaient désolés ? C'est TOI qui vas être désolé si tu te retrouves avec un autre monstre marin !

Mais Terry ne m'écoutait plus. Il était déjà descendu ouvrir la porte.

J'ai attendu un petit moment, mais Terry ne se décidait pas à remonter. Je me suis dit qu'il était sans doute descendu directement au labo fabriquer ses nouveaux singes de mer.

Alors je suis allé m'en assurer, et bien sûr, c'est là que je l'ai trouvé.

– J'ai réussi ! s'est-il exclamé en tenant un bocal sous la lumière. Ceux-là sont VRAIMENT des singes de mer !

J'ai bougonné :

– Félicitations, tu es content maintenant ?

Terry a haussé les épaules :

– Pas vraiment, non. Les singes de mer, c'est pas passionnant, finalement.

– OK, ai-je dit. On se remet au travail.

On venait de se rasseoir à notre table de travail, prêts à attaquer une nouvelle histoire, quand on a entendu un bruit terrible.

– C'était quoi ? a demandé Terry.

– Je ne sais pas, mais ça avait l'air de venir du labo.

On a foncé vers l'ascenseur.

En bas, les portes se sont ouvertes sur une scène de chaos absolu. Il y avait des singes partout, des singes en train de tout mettre en pièces.

Z

Ils dansaient, bondissaient, et se poursuivaient à travers la pièce... Le bruit était assourdissant.

– Oh non ! s'est écrié Terry. J'espère que mes singes de mer vont bien !

En lui montrant les débris du bocal par terre, j'ai hurlé :

– Tu les as sous les yeux, tes singes de mer ! Sauf que ce ne sont pas des singes de mer – ce sont des singes TOUT COURT ! Ces abrutis t'ont encore envoyé de mauvais œufs !

– Mais je HAIS les singes ! s'est lamenté Terry.

– Pas autant que moi !

Il a ajouté :

– Ils sont en train de rentrer dans l'ascenseur !

– Génial ! Ils vont saccager le reste de la cabane, maintenant !

Nous avons regardé, impuissants, les portes de l'ascenseur se refermer, et l'appareil monter vers le salon.

Le temps qu'on le rappelle et qu'on monte aussi, les singes avaient semé le chaos à chaque étage de notre cabane.

Il y avait des singes sur la piste de bowling !

Des singes dans la salle de bains!

Des singes dans la piscine!

Des singes dans la cuisine!

Des singes sur la terrasse panoramique!

Bref, il y avait des singes PARTOUT !

– Attention ! ai-je crié.

Une bande de singes chevauchait la machine à chamallows et nous fonçait dessus en nous tirant des chamallows en plein visage.

Au même moment, une autre bande, agrippée à une liane, filait droit sur nous.

J'ai juste eu le temps de crier :

– Baisse-toi !

Et on s'est mis en boule.

Quand la bande de la liane a percuté la bande de la machine à chamallows, des singes, des chamallows et des débris de machine à chamallows ont volé dans tous les sens.

Mais les singes n'ont pas le moins du monde été perturbés par cet accident. Ils se sont relevés et ont commencé à nous bombarder avec tout ce qui passait sous leurs sales pattes de singe.

– Qu'est-ce qu'on fait maintenant, Andy ? a demandé Terry.

– N'importe quoi, sauf commander des singes de mer.

– Et plus précisément ? a gémi Terry.

– Leur taper dessus avec la banane géante ? Elle est juste là..., ai-je suggéré en la pointant du doigt.

– Mais tu m'as dit qu'il ne fallait pas combattre le mal par le mal.

– Sauf quand il s'agit de singes !

Alors Terry a empoigné la banane géante comme une batte de base-ball, et il a renvoyé à l'envoyeur tous les chamallows, stylos, crayons, gommes, pinceaux, tubes de peinture et crottes de singe qu'on nous avait balancés. Et après, il a commencé à dégommer les singes un à un !

Ensuite, il est arrivé quelque chose de bizarre. À peine Terry avait-il envoyé valser un singe hors de la cabane, que celui-ci remontait aussitôt ! Mais pas pour tout casser... Non, juste pour s'asseoir et profiter du spectacle. Ou plus exactement, pour admirer la banane géante. Alors que Terry continuait à la faire tournoyer, les singes étaient de plus en plus nombreux à s'installer tranquillement en face de lui.

– Pourquoi ils s'assoient là ? s'est étonné Terry.

– J'ai l'impression qu'ils aiment beaucoup cette banane. Continue à la balancer doucement d'avant en arrière... Je crois que tu es en train de les hypnotiser.

Peu de temps après, toute la bande de singes était tombée sous le charme ensorceleur de la banane géante.

– Et maintenant ? a demandé Terry.

– Conduis-les au sommet de l'arbre, et fais-les grimper dans la catapulte géante.

– Évidemment, s'est exclamé Terry, pourquoi n'y ai-je pas pensé plus tôt ?

– Mais tu y as pensé ! lui ai-je rappelé.

À l'origine, Terry utilisait la catapulte pour se débarrasser des poubelles, mais on avait dû arrêter après de nombreuses plaintes des voisins.

Pendant un moment, on s'en est servis pour se faire des blagues...

Maintenant, on s'en sert surtout pour se débarrasser de tout ce dont on ne veut pas dans notre cabane... Dans le cas présent, des SINGES!

J'ai suivi Terry qui guidait les singes vers le sommet de l'arbre et je l'ai aidé à les installer dans la catapulte.

– Tu ferais mieux de leur laisser la banane géante, lui ai-je dit. Sinon ils risquent de revenir la chercher !

– Et voilà ! S'est-il exclamé en posant la banane à côté des singes subjugués.

J'ai lancé le compte à rebours :

– C'est bon ! Paré au décollage...

L'immense bras de la catapulte a projeté les singes et la banane dans les airs...

très haut...

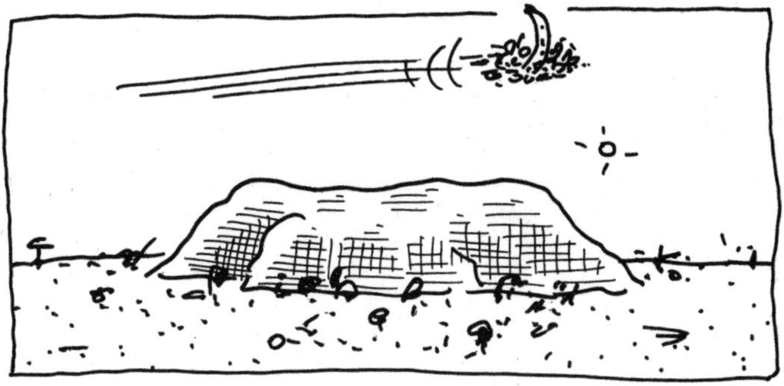

et très loin...

très très très...

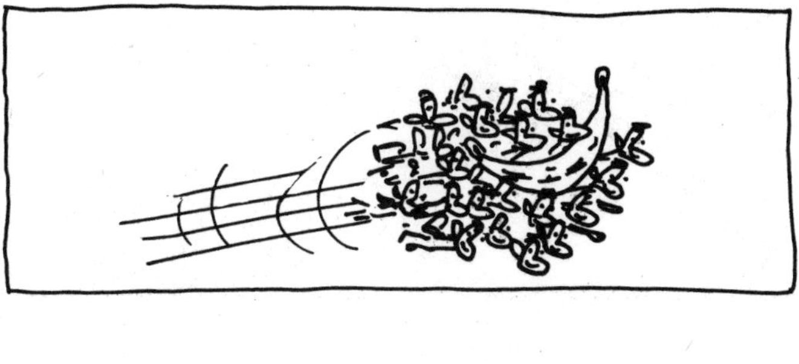

loin.

– On a réussi ! s'est écrié Terry.

– Oui, on va enfin pouvoir finir notre livre !

CHAPITRE 11

LE GORILLE GÉANT

Mais avant de s'y remettre, il fallait nettoyer le bazar laissé par les singes.

Au bout d'environ mille millions de milliards d'heures, on avait enfin fini de ranger, et on a pu reprendre le travail.

Je venais d'écrire « Il était encore une foix » et Terry venait de me signaler que j'avais à nouveau fait une faute à « fois » quand la table s'est mise à trembler.

– Arrête de faire trembler la table ! lui ai-je ordonné.

Il a rétorqué :

– Je ne fais pas trembler la table, je pensais que c'était toi !

– Mais non, ce n'est pas moi ! ai-je protesté, quand, tout à coup, c'est l'arbre qui a commencé à bouger.

– Arrête de faire bouger l'arbre ! s'est exclamé Terry.

– Je ne fais pas bouger l'arbre, je pensais que c'était toi !

– Ce n'est pas moi. Je crois que c'est ce gorille géant, là, en bas.

– Mais pourquoi est-ce qu'un gorille géant secoue notre arbre ? ai-je demandé.

– Aucune idée ! a avoué Terry. Si encore on vivait dans un bananier !

– Mais oui ! C'est pour ça ! Le gorille pense que notre arbre est un bananier... Un bananier GÉANT !

– Hein ?

– C'est évident ! La banane géante que nous avons catapultée a dû atterrir sur une lointaine île tropicale...

où vit ce gorille géant...

Quand il l'a trouvée, il l'a dévorée...

Il s'est tellement régalé qu'il s'est fabriqué un bateau avec la peau de la banane...

Et à l'aide de ses narines géantes, il a remonté la piste jusqu'à nous...

Résultat : il secoue notre arbre, persuadé que c'est un bananier géant.

– Ton histoire est un peu tirée par les cheveux, m'a dit Terry. Tous ces efforts pour une banane ?

– Une banane GÉANTE, lui ai-je rappelé, avec un goût de banane super géant !

Et là, nous avons entendu le rugissement caractéristique du gorille géant venant de traverser les océans sur un bateau en peau de banane géante à la poursuite de bananes géantes.

– Tu as peut-être raison, a estimé Terry. Ça pourrait expliquer qu'il soit ici en train de secouer notre arbre... Qu'est-ce qu'on va faire ?

– Lui donner des bananes géantes bien sûr !

– Impossible ! s'est écrié Terry. Les singes ont cassé l'agrandisseur de bananes.

– Tu ne peux pas le réparer ?

– Peut-être, mais ça prendrait trop de temps ! Ils l'ont mis en pièces !

Je me suis énervé :

– Il faut qu'on trouve une solution avant qu'il déracine notre arbre !

– BA-NA-NE ! rugissait le gorille géant. BA-NA-NE !

– Y a pas de bananes ici ! a assuré Terry. Enfin... Y en a plus !

Mais tout ce que répondait le gorille, c'était :

– BA-NA-NE !

– C'est peine perdue, ai-je constaté. À part « banane », je crois qu'il ne comprend pas un mot de ce qu'on dit.

Et là, alors qu'on pensait déjà nager en plein délire, une interminable limousine blanche s'est garée devant chez nous. En est sorti un chauffeur en uniforme, qui a sonné à la porte.

Je lui ai crié :

– On est là-haut !

– Lequel d'entre vous est Terry ? a-t-il demandé.

– C'est moi ! a répondu Terry.

– Cher monsieur, a dit notre visiteur, j'ai l'honneur de vous annoncer que vous avez remporté le premier prix de notre concours de dessin « Ouaf, le chien qui fait ouaf » grâce à votre dessin « Ouaf, le chien qui fait ouaf, à la plage ».

– Super ! s'est exclamé Terry. Et qu'est-ce que j'ai gagné ?

– Une rencontre avec Ouaf.

– Quand ?

– Tout de suite ! a précisé le chauffeur, en ouvrant la porte arrière de la limousine.

– Waouh ! C'est génial ! Ouaf est là ! Non seulement, je vais le rencontrer, mais en plus il va nous sauver – nous et la cabane à 13 étages !

– Et par quel miracle ? ai-je demandé.

– En faisant « ouaf » ! Évidemment !

À ces mots, Ouaf a sauté de la limousine et a commencé à aboyer sur le gorille géant.

Il a aboyé,

aboyé,

et aboyé.

Et c'est là que le gorille géant a soulevé l'un de ses pieds géants et a aplati le chien d'un coup.

Sous nos yeux ébahis, le chauffeur a délicatement ramassé Ouaf et l'a ramené dans la limousine.

– Tu crois qu'il va bien ? m'a demandé Terry.

– En tout cas, il aboie toujours.

– Dire que je n'ai même pas pu lui parler ! a soupiré Terry.

Entre temps, le gorille s'était remis à secouer notre arbre, et cette fois encore plus fort.

– Oh non ! s'est lamenté Terry. C'est la catastrophe ! Si même Ouaf n'a rien pu faire, comment on va s'en sortir ?

– Dis adieu à la cabane, on retourne à la maison des singes, ai-je répondu. Sans l'arbre, on n'aura nulle part où aller et nulle part où écrire des livres.

– Je HAIS les singes, a grimacé Terry. Et AUSSI les gorilles géants !

– Tu ne peux t'en prendre qu'à toi-même. Si tu n'avais pas commandé des singes de mer et fait l'idiot avec la banane géante, tout ça ne serait jamais arrivé !

Mais Terry ne m'écoutait plus.

Il regardait le ciel.

–Tu entends ça ? a-t-il demandé.

– Tu veux dire le bruit d'un gorille géant en train de détruire notre cabane ? Oui, je l'entends parfaitement bien !

– Non, le bruit d'un chat volant. C'est Douce ! Elle est de retour... Et elle n'est pas seule !

CHAPITRE 12

LE JOUR OÙ DOUCE NOUS A SAUVÉ LA VIE

J'ai levé les yeux... Terry avait raison!

Des chats volants!

Tout un escadron... Treize chats pour être exact, avec Douce en tête!

Ils volaient en formation, tournoyant dans les airs, comme des avions de chasse.

– Génial, ai-je lâché. Comme si le gorille géant ne suffisait pas, maintenant ce sont des chats volants qui nous attaquent !

– Qu'est-ce qui te fait dire qu'ils nous attaquent ? a demandé Terry. Peut-être qu'eux aussi, ils veulent des bananes géantes.

Je me suis emporté :

– Les chats ne mangent pas de bananes ! Tout le monde sait ça. Et puis, ils ont l'air en colère plutôt qu'affamés !

– Peut-être qu'ils sont en colère contre le gorille, a suggéré Terry. Regarde : il semble terrifié !

Terry n'avait pas tout à fait tort. Le gorille avait arrêté de secouer l'arbre. Il observait les chats, le poil hérissé. Il grognait férocement, mais si les chats étaient effrayés, en tout cas, ils ne le montraient pas. Ils se dirigeaient droit sur le gorille.

Nous nous sommes préparés à assister à la collision entre un escadron de treize chats volants et un gorille géant.

Mais elle n'a jamais eu lieu.

Au dernier moment, les chats se sont séparés en deux groupes, ils ont frôlé le gorille et se sont à nouveau élevés dans le ciel, où ils ont reformé un cercle menaçant au-dessus de nos têtes.

Alors, le gorille a décidé de grimper dans l'arbre.

– Y a pas de bananes géantes ici ! criait Terry. On te l'a déjà dit !

– Je crois qu'il ne s'intéresse plus tellement aux bananes géantes. Je pense qu'il cherche une position stratégique pour combattre les chats.

Le gorille s'est mis à grimper...

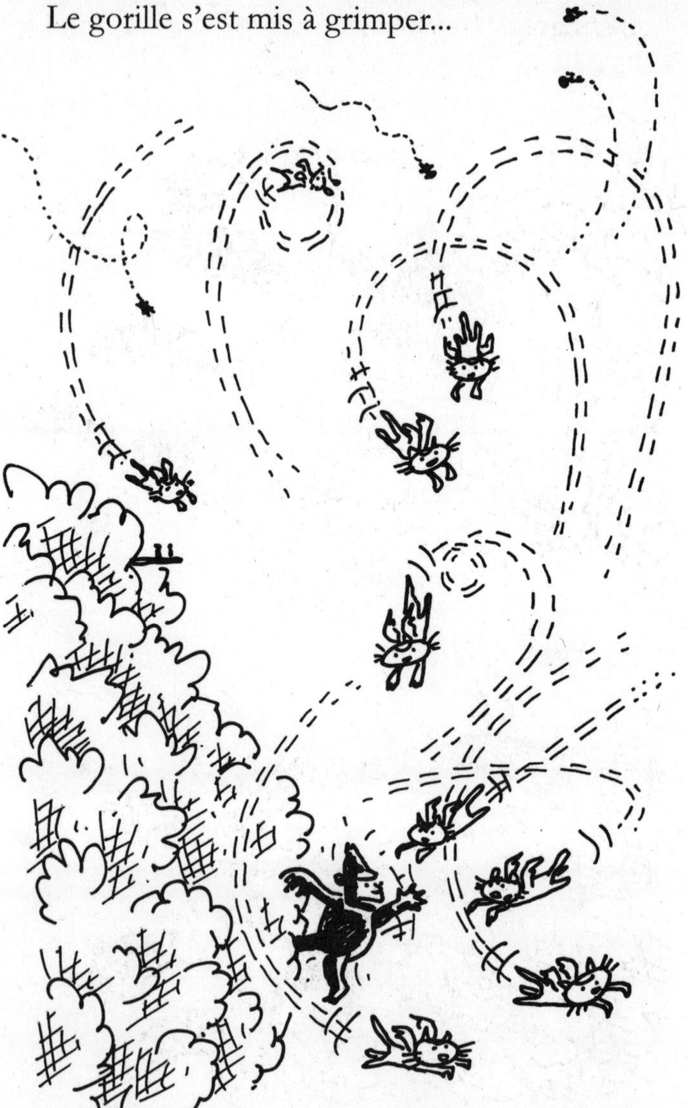

très haut...

de plus en plus haut...

jusqu'à se retrouver au sommet de l'arbre. Il se tapait la poitrine en rugissant pour effrayer les

chats géants, qui l'attaquaient et le harcelaient sans lui laisser le moindre répit.

Les chats fonçaient sur le gorille…

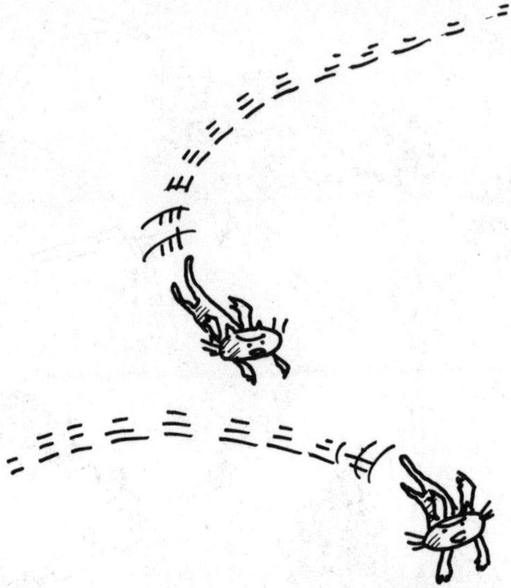

et le griffaient en passant.

De temps en temps, le gorille parvenait à en frapper un, qui allait s'écraser sur le sol... mais retombait sur ses pattes, comme tous les chats, et rejoignait la bataille aussi vite qu'il l'avait quittée.

Au bout du compte, le gorille n'a pas fait le poids face à treize chats volants en colère.

Il a perdu l'équilibre, il est tombé de l'arbre...

... et s'est écrasé dans un grand CRAC !

Mais les chats volants n'en avaient pas fini avec lui. Avant qu'il ait eu le temps de se relever, ils lui ont foncé dessus, ils ont planté leurs griffes dans sa fourrure, ils l'ont soulevé dans les airs et ils l'ont emporté.

BA-NA-NE!

– Eh bien, on dirait que Douce et ses copains nous ont sauvé la vie, a constaté Terry. Si je ne l'avais pas transformée en chat volant, notre cabane aurait été réduite en miettes, ça, c'est sûr !

J'allais lui faire remarquer que si notre cabane s'était retrouvée en danger, c'était à cause de lui, de ses singes de mer et de sa stupide banane géante, mais la sonnette a retenti.

– Oh non ! me suis-je écrié. Pas ENCORE des singes de mer ! Comment tu as pu faire ça, Terry ?

Il ne m'a pas répondu. Il n'était déjà plus là.

CHAPITRE 13

LA FIN

J'ai suivi Terry jusqu'à la porte d'entrée, déterminé à l'empêcher de faire éclore une nouvelle couvée d'œufs qui menaceraient notre cabane, sans parler de nos vies.

Mais ce n'était pas Bill le facteur qui se trouvait devant chez nous.

C'était Jill !

Elle était essoufflée comme si elle avait couru des kilomètres.

– C'est bien Douce que j'ai vue s'envoler de votre arbre avec un gorille géant ? a-t-elle demandé.

– Oui, a répondu Terry.

Je lui ai donné un coup de coude :

– Il veut dire, non.

– Ah oui, c'est vrai, s'est repris Terry. Je veux dire, non.

Jill a froncé les sourcils :

– Je suis sûre que c'était Douce.

– Mais elle était blanche, Douce, non ? ai-je demandé. Tous ces chats étaient jaunes. Et ils volaient. Elle vole, Douce ? Tu ne l'as pas mentionné sur ton affichette.

– En principe, non, Douce ne vole pas, a concédé Jill, mais elle était parmi ces chats. J'en suis persuadée ! Je la reconnaîtrais entre mille. Et vous deux, vous savez quelque chose, c'est évident. Vous avez intérêt à parler... et vite !

– Je suis désolé, ai-je dit, ce n'était pas ma faute ! C'était celle de Terry. Il a peint Douce en jaune pour la transformer en canari et, là, elle s'est envolée ! Je suis vraiment désolé !

– En CANARI ? a répété Jill très lentement. Terry a transformé Douce en CANARI ?

– Oui, et comme je disais, j'ai essayé de l'en empêcher...

– Mais heureusement, tu n'as pas réussi ! s'est exclamée Jill.

J'avais du mal à la croire.

– Sérieusement ? Tu t'en fiches ?

– Je ne m'en fiche pas du tout, s'est-elle écriée, je trouve ça fantastique ! J'ai toujours voulu avoir un canari, mais j'avais peur que Douce le mange. Alors, avec un chat volant, c'est comme si j'avais les deux ! Merci, Terry.

– De rien, a dit Terry. Et si tu veux que je transforme un autre de tes animaux en canari, tu n'as qu'à demander.

– Merci, a répondu Jill. J'y penserai. Mais là, il vaudrait mieux que je retourne chez moi donner des graines à Douce et à ses nouveaux amis.

Quand elle est partie, Terry a tapé dans ses mains en disant :

– Bon, tout est bien qui finit bien, non ?

– Oui, à un petit détail près...

– Lequel ?

– ON

N'A

TOUJOURS

PAS

FINI

NOTRE

LIVRE !

– Pas la peine de hurler, a dit Terry. Détends-toi, tout va bien se passer.

– Comment veux-tu que je me détende et que tout se passe bien ? On n'a toujours RIEN écrit et on doit rendre notre livre demain. Par quel miracle va-t-on inventer toutes nos histoires à temps, sans même parler de les écrire ni de les illustrer ?

– Attends ! s'est écrié Terry. On n'a rien à inventer. On vient de vivre une journée plutôt intéressante. Tout ce qu'on a à faire, c'est la raconter et l'illustrer. Comme ça, on aura notre livre !

Vous savez, je suis beaucoup plus intelligent que Terry, mais, parfois, j'ai ce sentiment étrange qu'en fait, c'est lui qui est beaucoup plus intelligent que moi.

– C'est n'importe quoi ! ai-je dit.

– Ah..., a soupiré Terry, déçu.

– Tellement n'importe quoi que ça pourrait bien marcher !

– Alors qu'est-ce qu'on attend ? a repris Terry, rayonnant. Allons-y !

On s'est assis et on s'est mis à écrire et à dessiner...

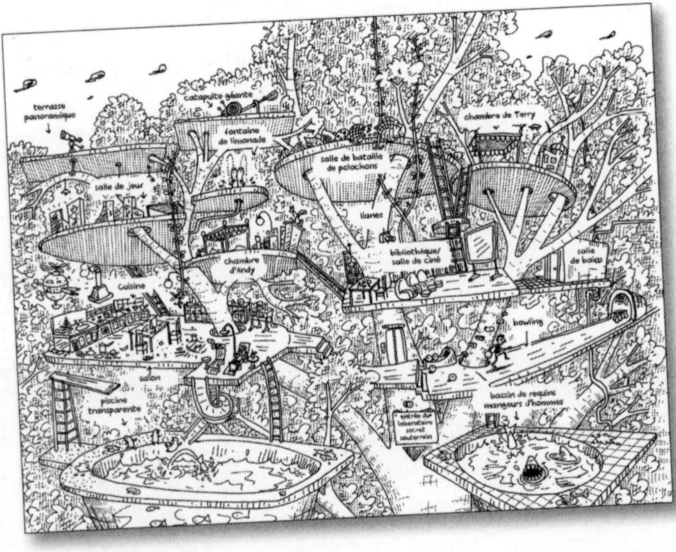

et à dessiner...

Tout a commencé un matin. Je me suis réveillé, et je suis descendu prendre mon petit-déjeuner.

26

Terry était déjà dans la cuisine, en train de peindre un chat. Quand je dis « peindre un chat », il n'était pas en train de dessiner un chat... Il peignait un VRAI chat ! En jaune vif !

– C'est peut-être une question stupide, Terry, ai-je dit, mais pourquoi tu peins ce chat en jaune ?
– Pour le transformer en canari, a-t-il répondu.

27

et à écrire...

CHAPITRE 3

OÙ EST PASSÉ LE CHAT ?

On a regardé le chat... ou plutôt le canari... je veux dire le chatnari... jusqu'à ce qu'il disparaisse au loin. C'est là qu'on a entendu la sonnette.

32

C'était Jill, notre voisine. Elle vit de l'autre côté de la forêt dans une maison remplie d'animaux. Elle a deux chiens, une chèvre, trois chevaux, quatre poissons rouges, une vache, six lapins, deux cochons d'Inde, un chameau, un âne et un chat.

33

et à écrire...

Dès que Jill est partie, je me suis tourné vers Terry :

– Il faut absolument qu'on retrouve ce chat !

– Tu veux dire ce canari, m'a-t-il corrigé.

– Peu importe ! Il faut qu'on le retrouve !

Mais avant même qu'on commence à chercher, le visiophone a sonné (oui, on a un visiophone, et en 3 D !).

– Peut-être que c'est Douce, a suggéré Terry.

– Ne sois pas stupide, les chats ne savent pas téléphoner, ai-je rétorqué.

– Peut-être que si... Tu croyais aussi que les chats ne pouvaient pas voler, et tu avais tort !

CHAPITRE 4

LE GROS NEZ ROUGE

On s'est rués en haut. Un gros nez rouge remplissait l'écran du visiophone. Oh oh... C'était M. Gros Nez, notre éditeur ! Et il était fâché. Ça se voyait à son nez, encore plus gros – et plus rouge – que d'habitude.

59

et à dessiner...

J'ai rétorqué :

– Non, ça, ce n'est pas une banane... mais ÇA, si !

J'ai ramassé la banane géante que Terry avait fabriquée la veille et je lui ai foncé dessus.

– Pose la banane géante, Andy, m'a ordonné Terry en reculant.

– Je la poserai quand tu auras reconnu que je dessine mieux que toi !

– Sauf que c'est pas vrai !

– Alors, je suis au regret de t'informer que je vais devoir t'assommer au moyen de cette banane géante.

60

– Pas si je t'assomme en premier ! s'est exclamé Terry en m'arrachant la banane des mains, avant de me donner un grand coup sur la tête.

Et là, tout est devenu noir.

61

et à dessiner...

et à écrire...

Je me suis approché de l'ascenseur autant que ma peur me le permettait. Quand les portes se sont ouvertes, Sirenia a jailli à l'intérieur de la pièce.

– Ah vous voilà ! a-t-elle gargouillé. Vous croyiez vraiment pouvoir m'échapper ! Pitoyables humains...

Je lui ai répondu :

– Et toi tu n'es rien qu'un singe de mer obèse !

J'ai reculé en espérant qu'énervée par cette insulte, elle me suivrait jusqu'au réducteur.

– Je ne suis PAS un singe de mer ! a-t-elle hurlé, en rampant à ma poursuite. Je suis un monstre marin ! Et c'est TOI que je vais manger en premier !

– Oh que non ! ai-je rétorqué.

– Oh que si ! a-t-elle assuré en effleurant mon nez du bout d'un de ses visqueux tentacules noirs.

122

– Oh que non, et non ! ai-je crié, en lui échappant d'un bond. Maintenant, Terry !

C'est là qu'il a déclenché le réducteur et lui a balancé un rayon.

Sirenia a commencé à rétrécir sous nos yeux en hurlant de rage.

123

et à dessiner...

Terry a roté une fois de plus ; et plus fort cette fois.

– Eh bien, tu as vraiment l'air d'aller mieux ! lui ai-je fait remarquer.

– Beaucoup mieux. Il me faudrait juste un chewing-gum !

Il est sorti de la fontaine de limonade, et s'est dirigé vers le distributeur de chewing-gums. Il a déroulé un long bandeau, qu'il a fourré tout entier dans sa bouche !

– Mmm, c'est bon, a-t-il marmonné en mâchant. Hé, j'ai une super idée, Andy – regarde !

Alors Terry a mâché et roté...

roté et mâché...

et à écrire...

et à écrire...

et à dessiner...

et à dessiner...

et à dessiner...

jusqu'à très exactement 16 h 45 le lendemain.

Et là, j'ai hurlé :
– On a réussi !
– Mais il est cinq heures moins le quart, a remarqué Terry. Comment apporter tout ça à M. Gros Nez à temps ? Il fallait que ce soit fini avant cinq heures... On n'y arrivera jamais !
– Oh que si ! ai-je répondu.
– Comment ?
– Je ne sais pas, mais on trouvera.

234

À cet instant, nous avons entendu... un bruit de clochettes !
Terry a sauté de sa chaise.
– C'est le Père Noël ! Il faut vite mettre nos chaussures près de la cheminée et faire semblant de dormir !
– Mais ce n'est pas Noël, ai-je observé.
On est allés au bout de la terrasse panoramique, et voilà ce qu'on a vu :

235

jusqu'à très exactement 16 h 45 le lendemain.

Et là, j'ai hurlé :
– On a réussi !
– Mais il est cinq heures moins le quart, a remarqué Terry. Comment apporter tout ça à M. Gros Nez à temps ? Il fallait que ce soit fini avant cinq heures... On n'y arrivera jamais !
– Oh que si ! ai-je répondu.
– Comment ?
– Je ne sais pas, mais on trouvera.

À cet instant, nous avons entendu... un bruit de clochettes !

Terry a sauté de sa chaise.

– C'est le Père Noël ! Il faut vite mettre nos chaussures près de la cheminée et faire semblant de dormir !

– Mais ce n'est pas Noël, ai-je observé.

On est allés au bout de la terrasse panoramique, et voilà ce qu'on a vu :

Jill volait vers nous dans un landau tiré par Douce et les autres chats volants.

– Regardez mon traîneau volant ! a-t-elle lancé, alors qu'elle planait juste au-dessus de nos têtes. Vous voulez faire un tour ?

– On ne peut pas, on est occupés, ai-je répondu. On essaie de trouver comment apporter notre livre à M. Gros Nez en ville avant cinq heures.

– Je peux vous y conduire, a proposé Jill. Ces chats volants sont super rapides ! Allez, montez !

Et c'est ce qu'on a fait !

ÉDITIONS
GROS NEZ

C'est comme ça qu'on a réussi à apporter notre livre à M. Gros Nez à temps...

qu'il a été publié...

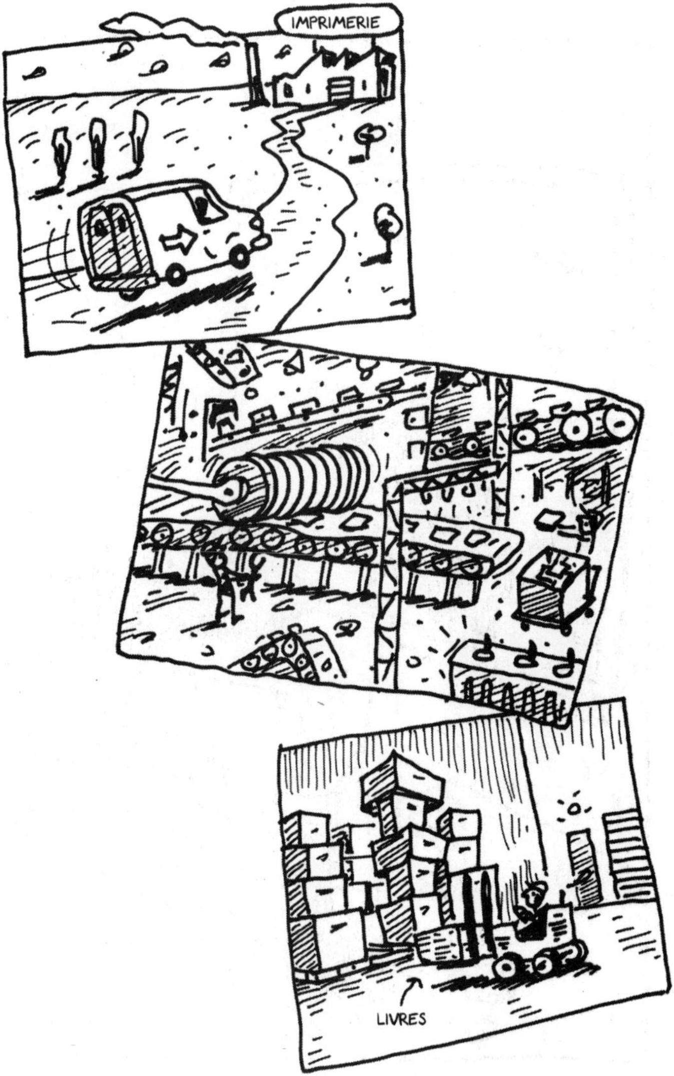

et qu'il est arrivé dans les librairies...

dans les bibliothèques...

sur les tablettes...

et qu'il a même été transféré directement dans le cerveau des gens grâce à la technologie du casque à implantation d'informations intracrânienne[1].

1. La technologie du casque à implantation d'informations intracrânienne est une technologie tellement révolutionnaire que Terry et moi ne l'avons pas encore inventée.

Et c'est comme ça que tu l'as lu et que nous avons tous vécu heureux pour toujours[2].

2. Sauf si bien sûr ta vie a été tragiquement écourtée suite à un grillage de cerveau par notre prototype de casque à implantation d'informations intracrânienne.

La cabane à 13 étages
Le chat tout plat
La Vache trash
Ça mord !
Ça pique !
Ça traine !
C'est fou !
C'est moche !
C'est deg !
Le mauvais livre
Le TRÈS mauvais livre
Ça joue !
Mais quel est ce monstre...
Mais quel est cet organe étrange

FIN

Retrouve
Terry et Andy
dans leurs prochaines
aventures :

La cabane à 13 étages

d'Andy Griffiths et Terry Denton

Traduit de l'anglais (Australie)
par Samir Senoussi

Andy et Terry ont beaucoup de chance : ils vivent dans une cabane dans les arbres. Mais attention, elle a 13 étages ! Et elle comporte un bowling, un bassin de requins mangeurs d'hommes, une bibliothèque pleine de BD, un laboratoire secret souterrain, des lits qui se font tout seuls, des lianes pour se déplacer de pièce en pièce, un exterminateur de légumes, une fontaine de limonade et une machine à chamallows qui vous suit partout et vous envoie automatiquement un chamallow dans la bouche dès que vous avez un petit creux. Le problème, c'est qu'Andy et Terry passent leur temps à s'amuser alors qu'ils sont censés écrire un livre : la cabane à 13 étages...

La cabane à 26 étages

d'Andy Griffiths et Terry Denton

Traduit de l'anglais (Australie)
par Samir Senoussi

Bienvenue dans la cabane d'Andy et Terry qui compte maintenant 26 étages !
Dans les 13 étages tout neufs, il y a une piste d'autos tamponneuses, une rampe de skate bordée d'une fosse à crocos, une arène de combats de boue, une patinoire (avec de vrais pingouins patineurs), un studio d'enregistrement, une bulle anti-gravité. et un magasin de glaces qui propose 78 parfums, servies par un robot répondant au doux nom d'Edouard aux mains de glace. Attention, on y trouve aussi le Labyrinthe de la Mort - un labyrinthe si labyrinthique que personne n'a JAMAIS réussi à en sortir.

La cabane à 39 étages

d'Andy Griffiths et Terry Denton

Traduit de l'anglais (Australie)
par Samir Senoussi

Bienvenue dans la cabane d'Andy et de Terry !
Le bassin de requins mangeurs d'hommes, le bowling et la machine qui t'envoie un chamallow dans la bouche, sont toujours là. Mais la cabane s'est encore agrandie. Dans les nouveaux étages, il y a un trampoline, une fontaine à chocolat, une maison de l'horreur, des montagnes russes, et même un éléphant boxeur...
Pas facile de travailler dans un endroit pareil !
Pourtant, Andy écrit et Terry dessine.
La preuve ? Ouvre le livre !

La cabane à 52 étages

d'Andy Griffiths et Terry Denton

Traduit de l'anglais (Australie)
par Samir Senoussi

Bienvenue dans la cabane la plus cool de l'univers !
La fontaine à chocolat, les montagnes russes et le trampoline ont toujours beaucoup de succès. Mais Andy et Terry ont encore fait quelques travaux pour ajouter de nouveaux étages. De quoi installer une machine à vagues, un lance-carottes ultra perfectionné, une Académie d'Escargots Ninjas, et une agence de détective... Ce qui tombe à pic car Andy et Terry ont un mystère (urgent) à résoudre : où est passé monsieur Gros Nez ?
Tu veux mener l'enquête avec eux ? Ouvre le livre !

La cabane à 65 étages

d'Andy Griffiths et Terry Denton

Traduit de l'anglais (Australie)
par Samir Senoussi

Bienvenue dans la cabane la plus cool de l'univers ! Andy et Terry ont encore fait quelques travaux. Parmi leurs nouvelles inventions, il y a une salle d'anniversaire où ton anniversaire, c'est tous les jours (même si en fait, c'est pas vrai !), une confiserie avec des sucettes incroyables, des sables mouvants, une fourmilière et une machine à remonter le temps..., ce qui va se révéler très utile, car l'inspecteur Bouledegomme menace de fermer la Cabane... Le problème : les normes de sécurité ne sont pas respectées. La seule solution : revenir dans le passé pour récupérer le permis de construire. Tu veux remonter le temps avec eux ? Ouvre le livre !

La cabane à 78 étages

d'Andy Griffiths et Terry Denton

Traduit de l'anglais (Australie)
par Samir Senoussi

Bienvenue dans la cabane la plus cool du monde !
Andy et Terry ont encore ajouté 13 étages. Parmi les nouvelles installations, il y a un entrepôt ultra sécurisé (gardé par un vilain méchant canard), une station de lavage de voiture (ouverte), et un cinéma en plein air. D'ailleurs, en parlant de films, Andy et Terry vont bientôt devenir des stars ! Un célèbre réalisateur vient de les contacter. Son plan ? Tourner une super-production sur la cabane. Une équipe de tournage envahit les lieux et de mystérieuses vaches espionnent tous les étages.
Tu veux découvrir en avant-première les images du film ?
Ouvre ce livre !

Imprimé en Espagne par Novoprint